JN042284

医療系の
ための
心理学

樫村正美・野村俊明 編著

講談社

執筆者一覧

（かっこ内は担当章．執筆順）

編著者

樫村正美
常磐大学人間科学部心理学科　准教授（3, 4, 6, 9, 11章）

野村俊明（故人）
日本医科大学名誉教授（10章）

著者

川崎直樹
日本女子大学人間社会学部心理学科　教授（1, 7章）

川西智也
鳴門教育大学大学院学校教育研究科心理臨床コース　准教授（2, 4, 8章）

川島義高
明治大学文学部心理社会学科臨床心理学専攻　准教授（5章）

吉川栄省
日本医科大学医療心理学教室　教授（10章）

　本書は，医療系学部に学ぶ学生のための心理学教科書である。将来，何らかの形で医療・福祉にかかわり，病める人や社会的弱者を支援することを志す学生の役に立つことを目的として作られた。

　本書の特色は，心理学を基礎的な研究から偏りなく概説しつつ，それぞれの領域における病的現象を交えながら理解を深めていける構成を目指した点にある。すなわち，人の心理の正常（健康）と異常（病気）をバランスよく織り交ぜて記述することで，心理学をより立体的に理解できることを目的としている。

　こうした構成の教科書を作成することは，私が医科大学の心理学担当教員として講義を始めた頃から温めていた着想であった。心理学の教科書は巷にあふれているが，実はバランスよくこのような構成を保っている類書がなかなか見当たらなかったからである。医療系の学生にとっては，正常心理と精神病理を関係づけながら学ぶことが，興味深くもあり，将来の役にも立つのだが，両者をバランスよく記述することは思いの外難しいことだった。

　機会を作れず長い年月がたってしまったが，この度共同編者である樫村正美氏をはじめとする気鋭の心理学者たちの協力を得て，当初の目的に沿った質の高い教科書を上梓することができた。

　本書が多くの読者を得て，医療・福祉に何らかの貢献ができることを祈念している。

2020年9月末日

野村俊明
日本医科大学名誉教授・精神医学

目次

第1章　感覚・知覚

　少し時間をとって，今，この瞬間，あなたが「感じ取っていること」に注意を向けてほしい。あなたの目は何を見ているだろうか。この本，本を持つ自分の手，脇に置いた携帯電話などが見えるだろう。耳には何が聞こえているだろうか。風や空調の音，窓外の鳥の声や車の音，自分の呼吸音に気づく人もいるだろう。肌に物がふれる感触，鼻でかぐ匂い，口の中にある味の感覚にも，何かの体験が生じるかもしれない。

　しかしあなたが今，「見た」本や手，「聞いた」鳥や風の音は，外界の物理刺激に基づいて，あなたの脳の中に作り出された，ある種のまぼろしである。モノが「見える」のは，外界から目に飛び込んできた光を網膜が受け止めて，脳の視覚野で処理がなされるからである。音が「聞こえる」のは，空気の振動が耳の中の鼓膜で受け止められ，それが脳の聴覚野へ送られて処理されたからである。電磁波も空気の振動も物理的な現象である。それが「見え」や「聞こえ」の体験に変わるのは，目や耳などの「受容器」において，外的な刺激が電気信号へと変換され，それが神経をとおって脳のそれぞれの「感覚野」に送られ，感覚が生み出されるからである。モノを見たり聞いたりしているのは目や耳ではなく，脳であるといってもいいだろう。

　本章ではまず，こうした感覚のプロセスについて，特に視覚と聴覚に焦点を当てながらみていくことにする。

1.1節　感覚の仕組み

A. 視覚と光

　視覚をもたらす刺激は光であり，光は一種の電磁波である。モノを「見る」ということはある範囲の電磁波を読み取る，ということである。電磁波は**図1.1**のように幅広い波長をもっている。私たちが一般に「光」とよんでいるのは，電磁波の一定の範囲の波長のものであり，特に目で見ることがで

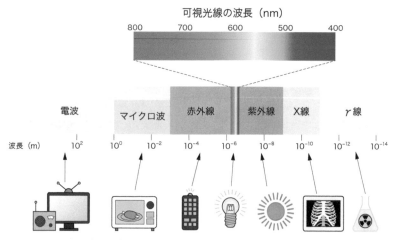

図1.1 電磁波の中の可視光線

きる範囲のものを可視光線とよぶ。

　自然光には，目に見えない範囲の「光」も含まれており，赤よりも波長の長いものは赤外線，紫より波長の短いものは紫外線とよばれる。赤外線よりさらに波長の長い電磁波は電波ともよばれ，電子レンジや携帯電話通信，ラジオ放送などに使われている。反対に波長の短い電磁波は一般には放射線とよばれ，X線を用いたレントゲン検査のほか，がんの放射線治療などに利用される。なお可視光線の範囲外の電磁波であっても，それを感知する装置があれば，それを「見る」ことができる。赤外線カメラで暗所が明るく見えたり，X線撮影で身体の内部が透けて見えたりするのは，その実用上の例である。人間の身体や脳は，ある一定の範囲の波長の電磁波を感知できるように，デザインされているだけである。

B. 明るさと色の知覚

　可視光線はその波長の長さによって図1.1のような「虹色のスペクトラム」として表される。太陽光はすべての波長を含んでいるので見た目は「白」に見えるが，これを分光器（ガラスの三角柱形のプリズム等）に通すと，図のような波長の分布を観察できる。あなたは，このスペクトラムの中

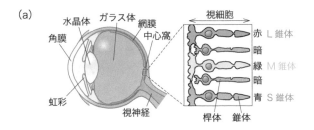

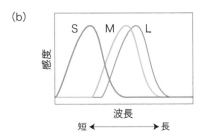

図1.2 （a）眼球と桿体・錐体細胞 （b）三色説と3種の錐体細胞の反応

に，いわゆる「赤橙黄緑青藍紫」のようなさまざまな色を見ることができる
だろう（なお，色の命名や分け方は文化によって異なる）。

　視覚は，眼の網膜に入ってきた光の刺激に対して生じる。網膜上に存在し
て視覚を司る細胞のうち，桿体細胞は暗所で感度を発揮するが，明るいとこ
ろではあまり機能せず，色の知覚にもあまり関与しない。色の知覚に関与す
るのは，明所で感度を発揮する錐体細胞である。錐体細胞には，**図1.2**のよ
うに波長によって感度の異なる三種がある。短波長（S）錐体は青，中波長
（M）錐体は黄と緑，長波長（L）錐体は赤によく反応する。3種の錐体は，
いわゆる「光の三原色」とも対応している。そもそも色はモノ自体について
いるのではないし，光そのものに色がついているのでもない。3種の錐体そ
れぞれが反応し，それをまとめて「色」として体験させる生物学的な仕組み
が，人間の身体の側にある。この考え方は，三色説とよばれる。

　なお，実際の人間の色覚は三色説よりもう少し複雑である。例えば，私た
ちは，「青っぽい緑」や「赤っぽい黄」といった色を見ることはできるが，
「赤っぽい緑」や「青っぽい黄」という色を見ることは難しい。色の中でも，
「赤と緑」，「黄と青」との間には，特別な「反対」の関係があり，両者を同

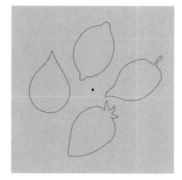

図1.3 色の残効
左の図の真ん中の点を1分ほどじっと見つめてほしい。そのあと，右の図の点に
目を移してみてほしい。左の図の各色の反対色が見えるはずである。

時に見ることはできない。そのため，人間がある色を見るときには，「赤か
緑か」「黄か青か」，そして「白か黒か」という3対の反対色のどちら側で見
るかを決める仕組みが備わっていると考えられる。これは色覚についての三
色説とは違う説明としてヘリングによって反対色説として提唱された。後の
研究者たちにより，それを司る神経回路も発見されている。反対色の存在を
実感するために，**図1.3**の色の残効の実験を試してみてほしい。例えば左側
の赤い図形を長く見ていると，赤に慣れてしまった神経細胞の反応が弱まり，
反対の緑の反応が強く出るようになる。その結果，色のない図形に緑（に近
い色）があるかのように見えてしまうのである。

　なお人間の色覚については，三色説と反対色説に対応した二つのプロセス
が，二段階で生じていると想定ができる。色覚が生じる最初の部分である網
膜上や錐体細胞では三色説に合致したプロセスが生じ，その後の神経系の中
で反対色説に合致したプロセスが生じ，より高次な視覚の処理へつながって
いく，という段階的なプロセスが想定されている。

C. 視覚の生物学的基盤

　視覚の受容器である眼と，視覚を司っている「視覚野」の関係はおおよそ
図1.4のようになっている。本人から見て右側の視野にある視覚刺激は，網

コラム　色覚の多様性

　色の知覚に3種の錐体細胞が関与していることをみてきたが，主に遺伝的な要因によりこの錐体細胞の1種ないし2種の機能が損なわれることがあり，その人の色覚は二色覚ないし一色覚となる。色覚障害（色盲）とよばれてきたこの状態はX染色体に関連が深いため男性に起こりやすく，日本では男性の約5%，女性の0.2%にみられる。特に多いのは，赤～緑の波長域で色の差を感じにくい赤緑色覚障害である。「赤と緑」それ自体が見分けにくいほか，「紫と青」「緑と茶色」など，赤や緑の成分が含まれる色が見分けにくくなる。赤は道路標識や信号など，注意を喚起するときに使われやすい色であるが，それが目立っては見えないことになる。また緑の黒板に赤いチョークで書かれた文字などは，認識が非常に困難となる。色覚障害に対しては近年「色覚多様性」という呼称が提案されるなど，それが「障害」とならないように，社会全体で理解を共有し，バリアフリーを実現していくことが求められている。

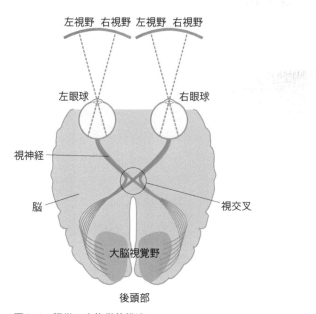

図1.4　視覚の生物学的構造

膜の左側に投影され，その情報は脳の左半球の視覚野に伝達される。同じように左側の視野の情報は，右半球の視覚野に伝達される。視覚情報を伝える視神経は，このような視交叉とよばれる交差状の通り方をして脳の後頭葉にある一次視覚野に接続する。一次視覚野は明るさ，色，運動などの基本的な視覚的特徴の処理に関わるほか，後述の定位や認識など知覚に関する脳領域とも連絡して，視覚の体験を作りあげていく。

D. 聴覚の特徴

聴覚もいろいろな仕組みで成り立つ感覚である。私たちは生活の音，自然の音，音楽，そして人の話す言葉など，さまざまな聴覚刺激を受け取りながら生きている。それらはすべて，空気や物の「振動」である。

一つ一つの音を認識するときにまず重要な要素は，音の「大きさ」と「高さ」である（**図1.5**）。空気や物が振動するとき，その波の幅の大きさ，すなわち音圧が音の大きさとなる。そして，振動の波と波の間隔の長短，すなわち周波数によって音の高さが決まる。なお，視覚において見える波長の範囲が限られていたように，聴覚にも可聴範囲がある。聴覚が健常な場合，周波数にしておよそ20 Hzから20 kHzの範囲といわれる。

また，音には三つ目の要素ともいわれる「音色」による違いがある。同じ大きさと同じ音程でも，フルートの音とピアノの音はずいぶん違って聞こえるだろう。楽器音であれ誰かの足音であれ，実生活で何かの音が鳴るときには，1つの周波数の音だけではなく，複数の周波数の音が一緒に含まれており，それが時間の流れとともに変化することで，それぞれの音色が特徴づけ

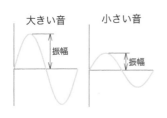
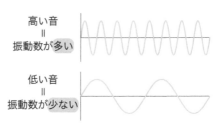

図1.5　音の大きさと高さ

られている。

E. 聴覚の生理的構造

　聴覚は耳を通して生じるが，より細かくいえば聴覚の受容器となっているのは内耳の中にある蝸牛内の基底膜である。空気等の振動が外耳道を通って鼓膜を振動させ，その振動は中耳という空洞の中の耳小骨をつたって蝸牛の前庭窓に伝達される。伝達された振動はかたつむりのような形をした蝸牛管を通りながら，管の中にある基底膜上の有毛細胞から生えている感覚毛を刺激する。それが聴神経の電気信号に変換され，脳の側頭葉にある聴覚野に送られることによって，「聞こえ」の体験が生じる（**図1.6**）。

　なお，音の高さの聞き取りにも，基底膜や有毛細胞は重要な役割を果たしている。音が蝸牛に伝わると，蝸牛管の入り口に近いほうから奥のほうへと振動が伝わっていくが，そのとき，入り口に近いほうの有毛細胞の感覚毛は短く硬いので高い周波数に共鳴しやすい。一方で奥のほうの感覚毛は長く柔らかいので低い周波数に共鳴しやすい。入り口から奥まで基底膜上に並んでいる有毛細胞は，それぞれ特定の周波数によく反応する傾向があり，それぞれの細胞から送られた電気信号が音の高さの聴覚体験を作る重要な要素となっているのである。

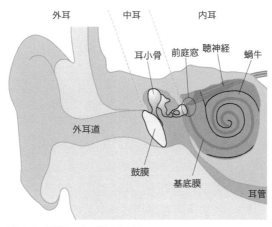

図1.6　聴覚の生理的なしくみ

F. 感覚のクセ（精神物理学）

　視覚や聴覚など，どの感覚にせよ，何かの刺激によって感覚が生じるときには，そこに刺激が「ある」と認識されることからはじまる。50 cm 先を飛んでいるハチの羽音は聞こえるが，5 m 先のハチの羽音は聞こえないかもしれない。たとえごくわずかな空気の振動が受容器に届いていたとしても，それが一定の値を超えないと，私たちは「聞こえた」とは感じない。感覚には，それが生じるか生じないかの境目があり，それは感覚閾または絶対閾とよばれる。閾に達する刺激の強さは閾値とよばれる。低すぎる音が聞こえなかったり，高すぎる音が聞こえなかったりするのも，音の周波数が聴覚の閾値を下回るか，超えすぎているからである。星空でいえば1等星は明るくて見えやすいが，4等星はそこに星があるのかどうかさえわからない。これは視覚上の明るさの閾値の問題である。

　人間の感覚の特徴を知る上では，弁別閾も重要である。テレビの音量を一つ上げたのに前と同じに感じたり，スープに塩を一つまみ足したのに味の違いがわからなかったり，といった体験は誰しもあるであろう。しかし，音量を二つ上げるか，塩を二つまみ入れると，その違いが判るかもしれない。このように，ある刺激ともう一つの刺激との区別を感知できるちょうど最小限の違い（差異）のことを，弁別閾あるいは丁度可知差異という。

　上記のような実生活の例ではさまざまな影響が絡んでしまうが，研究上の実験は厳密に行われる。例えば，重さの感覚に関して条件を整えて行われた実験によると，人は手で持った重さとして，100 gと102 gの違いを認識できる（弁別できる）といわれる。ただしこれは，「人間はわずか2 gの差異を弁別できる」ということではない。同じ2 gでも，200 gと202 gの弁別にすると，とたんに難しくなる。実は，200 gと弁別可能なのは，204 gである。さらに1000 gであれば2 gや4 gの違いの認識は到底難しく，1020 gとの弁別であれば可能になる。このように感覚の弁別閾は，「2 g差」とか「4 g差」といった刺激の強さの単純な「差」によって決まるのではなく，「基準となる刺激から2％増」などの「比」で考えるほうが適切なことが多いのである。こうした比の関係は，生理学者ウェーバーと物理学者フェヒナーによって研究された。弁別閾となる比は，手で持った重さであれば2％，

　加齢に伴い，感覚は変化する。視覚に関しては，水晶体の弾力低下による老視（近視障害），水晶体の黄変化（モノが黄色がかって見える），水晶体の白濁が起こる白内障など，構造的な変化が生じやすい。老視は一般に40代からみられはじめ，徐々に強くなっていく。白内障は60代で20％，80代では50％以上にみられる。その他，緑内障（視神経が障害されることで，視野の中に見えない部分ができたり，視野が狭くなる）などの疾患の罹患率も加齢とともに上昇していく。聴覚に関しては，高い周波数が聞こえにくくなったり（機械のアラームが聞こえないなど），小さな音が聞こえにくくなったりする。しかし全体に「音が小さく聞こえる」わけではないため，急に耳元で大きな声で話しかけると，本人にとってはうるさく感じられることもある。また周波数の分解能力が低下しやすく，「サ行」と「カ行」など周波数が似た音を聞き分けられなくなったりもする。加齢に伴い，感覚受容器の構造的な変化だけではなく，視覚や聴覚を統合するより高次な機能も連動して変化がみられるようである。

光の強さであれば8％，音の強さであれば5％，塩の濃度であれば20％といわれる。感覚ごとに定数があり，これは研究者の名からウェーバー比とよばれる。

　このように，「重さ」や「明るさ」のような物理学的な要因であっても，それが人間の中の感覚として体験されるときは，自然法則とは少し事情が違うことがわかる。このような物理的な刺激と心理的な感覚の関係を定量的に探るアプローチは精神物理学（あるいは心理物理学）とよばれる。

1.2節 知覚

　感覚は刺激から物理的な情報を受け取ることを中心としているが，それだけで私たちは外界を理解できるわけではない。目の前に赤い球体があったとしたら，それがリンゴなのかボールなのか，認識できなければいけない。リンゴを食べようとするならば，リンゴが自分からみてどのような位置や距離にあるのかわからないと，手にとることすらできない。知覚は感覚より複雑

で，意味のある解釈を含んだプロセスである。

A. 定位

　リンゴを手に取る，ヘビから遠ざかる，誰かの手を握る，といった生活上の動作をするとき，まず初めに必要なのは，リンゴ・ヘビ・相手の手がそこに「ある」と気づくこと，そしてそれが「どこ」にあるのか把握することである。外界の煩雑な刺激の中から，あるモノ（対象物）を見つけ出し，モノとモノ，モノと自分との相互の位置関係や距離を知覚する必要がある。こうしたプロセスは「定位」とよばれ，さまざまな段階を経て行われている。

ⅰ）図と地の分離

　白い皿に乗ったイチゴは見つけやすいが，トマトや赤ピーマン，赤唐辛子と一緒に盛られたイチゴは見つけにくい。モノがそこに「ある」と知覚する際には，図と地の分離が必要である。つまり，そのモノ自体と，その背景とを分けて認識する必要がある。図と地に関する最も有名な例は**図1.7**の「ルビンの杯」であろう。白い杯が図として認識されると青い部分は背景（地）に，青い部分が人の顔（図）として認識されると白い部分は地になって見える。その他の図を見ると，生き物（ウサギとトリ）や文字（白を図にしたリンゴ）など，もう少し複雑な刺激に対しても，図と地の処理が起こることがわかる。

図1.7　図と地の反転
左の図は顔と杯, 中央は2つの生き物, 右はある言葉が図になる。

ii) 群化

　また，人は複数の刺激をまとまった一つのモノとみなすように群化（グルーピング）をする傾向もある。群化にはいくつかの要因があることがわかっている。例えば，**図1.8**のaとbを比べてみよう。aの中には特定のまとまりは見えないが，bには縦に近い点どうしが集まった3つのまとまりが見えるだろう（近接の要因）。cは，同じ種類の色どうしのまとまりが見えるはずである（色による類同の要因）。dの中の2～3つのまとまりをお互いに近づけてeを作ると，違ったまとまりが見えて，今度は交差する2本の線のように見えるだろう（よい連続の要因）。また記号のカッコのような刺激を，

　　　　　　　　］［　　］［　　］［　　］［

のように並べると，近接している ］［ だけでなく，［ ］ のように閉じた空間を示すものがまとまりと見られやすい（閉合の要因）。

　こうした群化の法則は，いろいろな製品のデザインにも活かされている。スマートフォンなどのアプリを見ると，操作ボタンやアイコンが近接・類

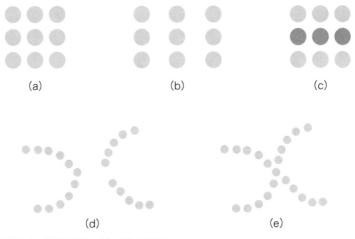

図1.8　群化（グルーピング）の要因

bは近接の要因，cは類同の要因で，aの中にはないまとまりが見える。dは2～3つのまとまりに見えるが，それを近づけたeはつながった2本の線が交差して見える（よい連続の要因）。

同・閉合によってうまくまとめられていることに気づくだろう。また本書のような書籍の文字レイアウトも，文字と文字の間隔が，横に近く，縦に遠くなっている。これによって近接の要因が働き，たくさんの文字が横にまとまった1つの文章としてみることができる。

　群化の作用は，聴覚にも生じる。私たちがよく知る「三々七拍子」を思い出してみよう。全部で13の音があるが，近接の要因によって，3と3と7で3つのまとまりに聞こえることがわかるだろう。また三々七拍子のような音同士の時間的な近接だけなく，音の高さによってもまとまりの認識は生じる。「ドレド・ドレド・ドレド…」と繰り返し音を鳴らすと，「ドレド」は馬のギャロップのような1つのまとまりとして聞こえる（レはレ♭のほうがよい）。しかし「ドシド・ドシド・ドシド…」と離れた高さで繰り返すと，ドとシの音は，それぞれ「ド・ド・ド・ド…」という低い音のまとまりと，「シ・・・シ・・・シ…」という高い音のまとまりとして別に聞こえる。音の周波数の近さによっても，群化は起こるのである。

iii）距離の知覚

　図と地の分離や群化によって「モノ」が見えたとして，今度はそれがどこにあるのか，距離関係はどうなのかわからなければ，それに触れることも動かすこともできない。距離を知るときの代表的な手掛かりの一つが，両眼視差である。2本のペンを目の高さに水平にして持って，ペン先がぴったり合うようにくっつけてみてほしい。両目だとうまくできるが，これを片目で行うと，前後の位置がずれてうまくいかないことが多い。私たちの右眼と左眼では見える像は微妙に異なる。距離が近いものほど左右の像の違いは大きくなるが，その像の違いを統合することで私たちはモノとの距離を把握している。いわゆる3D映像やバーチャルリアリティ映像では，この両眼視差を逆手に取って，右眼と左眼に異なる像をあえて提示することで仮想的な立体感や臨場感を演出している。

　なお，両眼視差は数メートル離れたモノに対してはほとんど生じない。しかし私たちは遠くにあるモノに対しても前後関係や自分との距離を知覚できる。両眼を用いず，片目（単眼）であっても距離の知覚をもたらす手

図1.9　単眼手がかり

aとbは相対的な高さ，aとcは相対的な大きさ，cとdは重なりの要因によって前後
や距離の知覚をもたらす。eのカーペットが遠近法的に台形型で描かれていること
も前後の奥行きをもたらす。なお，右側の犬は大きさの恒常性（後述）の例である。

がかり（単眼手がかり）には以下のようなものがある。(1)〜(4)につい
ては，**図1.9**に例をのせている。

(1) 相対的な大きさ：同じようなものを比べて，大きなものは手前，小
　　さなものは奥にあるように見える。

(2) 重なり：刺激同士が重なっているとき，全体が見えているものは前に，
　　一部が隠れているものは後ろに見える。

(3) 相対的な高さ：地平線に近いものほど遠くに見える。

(4) 遠近法：平行なはずの線が奥に行くほど狭くなっているとき，ある
　　点に向けた奥行きが見える。

(5) 運動：早く動くものは近く，ゆっくり動くものは遠く知覚される（電
　　車に乗っているとき，早く過ぎる風景は近く，遅い風景は遠く見える）。

B. 認識

「モノ」が見えて，それが「どこ」にあるのかわかったとしても，それが

そもそも「何」であるかがわからないと，どう働きかけていいかわからない。リンゴであれば手を伸ばして食べればよいが，ヘビであれば遠ざかって逃げるほうが安全である。モノが「何」であるかをわかるプロセスを認識（再認）という。認識のプロセスは非常に複雑であるが，ここではその一部に触れる。

　認識には，大きくは，ボトムアップ処理とトップダウン処理とよばれる二つのプロセスがかかわる。ボトムアップ処理は，バラバラに入力された感覚情報をまとめあげながら，モノを認識していくプロセスである。一方，トップダウン処理は，自分がすでにもっている知識や経験や期待などをあてがいながらモノを認識していくプロセスである。

　認識におけるボトムアップ処理に関しては，ビーダーマンの「ジオン」の概念がよい説明を与えてくれる。ジオンは，幾何学的イオンを意味する語であり，モノの形を作る基本的な構成要素のことである。ジオンは，箱や筒や錘のような形状など，おおよそ36種あると想定されているが，**図1.10**にあるように，例えば4つのジオンだけでも，その組み合わせ方によって多くのモノが形作られる。私たちがモノを認識するときには，このジオンのような基本的な要素をまず認識し，その要素の組み合わせでモノを認識するというプロセスが生じていると考えられる。立体的な要素が認識できることが重

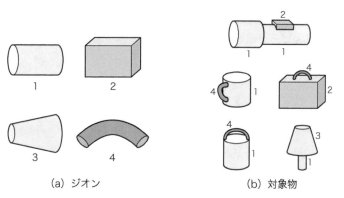

　（a）ジオン　　　　　　　（b）対象物

図1.10　要素（ジオン）に基づいた対象物の再認（Biederman, 1987より抜粋）

図1.11　要素の輪郭の削除

左右の図はともに，ある図形の輪郭線を65％削除したものである。左側は各部分の端（頂点）を，右側は線の途中を削除している。左側のほうが，モノ（ティーカップ）もそれを構成する要素（ジオン）も認識しにくいのがわかる（Biederman, 1987）。

要なので，それが回転して角度や見た目が変わっても，そのモノの認識は維持されることになる。なお，**図1.11**にあるように，一つ一つのジオンの末端部を見えなくすると，ジオンの認識が妨げられ，形作られるモノ自体の認識もしづらくなるのがわかるだろう。

　一方で，実生活上のモノの認識については，トップダウン処理が大きな役割を果たす。例えば，図1.11で左側の図がはじめはティーカップに見えなくても，右側の図が一度ティーカップに見えると，その知識をあてがう形で，左側もティーカップに見えるようになる。また，少し前にふれた図と地の分離も，「杯を見よう」あるいは「人の顔を見よう」と，見る側の中で活性化している知識や期待にそって，トップダウン的な処理が行われている。

　なおトップダウン処理は，得られた情報がバラバラで不十分な場合でも，モノの認識を可能にするという点で，とても役に立つ。しかし一方で，認識する側の知識や期待，そして周囲の文脈などが，新しい情報の解釈を偏らせることも多い。例えば，果物カゴの中に，赤く丸い物体が入っていたら，それを何だと思うだろうか。「赤い」「丸い」という特徴に加え，「果物カゴ」という文脈から，それは「リンゴ」だと認識される可能性が高いだろう。実際にカゴに入っているのは，トマトかもしれないし，ボールかもしれない。人は，自分が見ようとするように，モノを見てしまうクセがあるのである。

ヒューマンエラー

　情報を受け取るときなどに，トップダウン処理が過度に強いと，それが当人たちが意図しなかった結果，つまりヒューマンエラーにつながることもある。特に医療の現場であれば，「IM」（筋肉内注射）を「IV」（静脈内注射）と間違えたり，「アンプル半筒（はんとう）の投与」を「アンプル三筒（さんとう）」と聞き間違えたりした医療事故が報告されている。これらは情報を受け取る側が，意図しないうちに，自分の中の期待や知識に基づいて情報を解釈したことに起因する。特に，聴き手が「三筒」と一度信じてしまうと，「三筒ですね？」と一度聞き返して相手が「半筒です」と回答しても，それがもう一度「三筒」に聞こえてしまうことさえ起こりうる。ヒューマンエラーは単純な注意や心がけで防げるものではない。人間の知覚や認知の性質を理解した上での対策が求められるものである（河野，2010／東京都医療安全推進室，2006）。

C. 知覚の恒常性

　今，手元にペンがあるなら，それを手に取って，前後左右のさまざまな角度に動かしてみてほしい。ペンはどの角度から見てもペンであろう。しかし，そのペンをデッサンしたり写真に撮ってみたりしてみてほしい。真横になっているペンと，先がややこちらを向いたペンとでは，視覚的な画像としてはまったく異なっていることがわかるだろう。ひとたびモノが認識されると，私たちはその物体が網膜上にまったく異なる形で映ったとしても，それをいちいち気にせずに「ペンはペンだ」と自動的に認識する。これは，形の恒常性の保持といわれる，便利な知覚の働きである。

　知覚における恒常性の保持は色々なところで起こる。図1.9の壁際にいる犬は，手前の犬のおよそ半分の大きさで網膜上に映るはずである。しかし，カーペットの遠近法や人の大小など周囲の奥行き知覚の手がかりによって，「奥の犬は特別に小さい」とは私たちは感じないだろう。犬の大きさは犬の大きさのままに知覚される。これは大きさの恒常性の例である。反対に，奥にいる犬を手前にいる犬と同じ大きさで描いてしまうと，大きさの恒常性を逆手にとることになって，手前にいる犬は妙に大きく見えてしまう。この原理を応用して背景を工夫すると，自分が巨人になったり小人になったりする

図1.12　チェッカーシャドウ錯視
図のAとBのパネルは,「同じ色」である（Edward Adelson, 1995
http://persci.mit.edu/より）

トリックアートを作ることもできる。

　明るさの恒常性も重要である。**図1.12**の図形を見て「AとBのパネルは
同じ色だ」といわれても，にわかに信じがたいかもしれない。これは「Bの
パネルは円柱の陰がかかった状態であの明るさということは，元々はあの白
っぽいほうのパネルと同じ色なのだろう」と明るさの恒常性を保持する処理
を，私たちが自動的に行うからである。なお，これは「円柱と陰」が文脈と
なって生じている現象である。ためしに円柱や陰などを手で隠して周囲の文
脈の情報を減らすとAとBが同じ色として見えやすくなるはずである。

D. 運動の知覚

　ここまで見て来たのは主に静止している刺激の話であった。しかし，私た
ちの日常の生活環境では，たくさんのモノが動いている。すでに死んでいて
動かないヘビなら危険はないが，動くヘビなら危険性があるし，どう動くか
を正しく知覚する必要がある。モノが動いているかどうか，どう動いている
のかという運動の知覚は重要である。

　運動知覚の仕組みを考える上での代表的な例はストロボスコープ運動であ

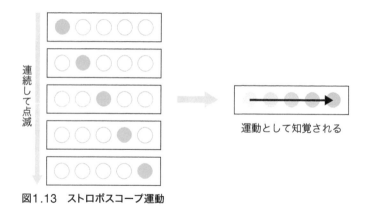

連続して点滅

運動として知覚される

図1.13　ストロボスコープ運動

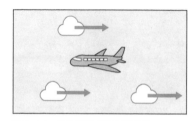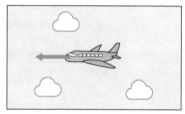

図1.14　相対的な運動の知覚

る。光を点滅させる装置（ストロボスコープ）を一定間隔で並べ，左から順に素早い間隔で点滅させると，まるで光自体が左から右に移動しているように見える現象である（**図1.13**）。実際には動いていない静止状態の刺激であっても，それを連続して提示することで，そこに運動が生じているような知覚が生じるのである。この仕組みは，テレビや映画など，静止画の「コマ」を連続して見せることでそれを「動画」として知覚させる技術として，非常に日常的で一般的なものとなっている。

　また，実際に動いているモノに対する知覚の仕組みも，複雑で多岐にわたる。例えば，**図1.14**のように，動いているモノ（飛行機）を知覚するとき，モノを目で追うと，網膜上ではモノは静止した状態であり，背景だけが動いていることになる。一方，目で追わずに風景全体を見ている場合には，網膜上で背景は動かず，モノだけが動いて見えることになる。どちらも網膜上の像の動きが運動の知覚の手がかりになるが，モノや背景の相対的な関係が運

動の知覚をさまざまにもたらしていることがわかる。

　一方向への動きを見続けた後に，止まっているはずのものが逆方向に動いて見える現象は運動残効とよばれる。有名な例は「滝の錯視」で，水が下方向に落ち続けている滝を見続けた後に，滝以外に目を移すと景色が上に登っていくかのように見える現象である。これは外界の刺激の中で，一定の方向や速度の「運動」に対してのみ感度の低下が起きる選択的順応が起きたために生じる現象として理解される。ある方向の運動に対しては，ある特定の神経細胞が選択的によく反応するといった知見も得られており，運動知覚にも，それを司る神経学的基盤があることが明らかにされつつある。

1.3節 | 錯覚と主観的世界

　ここまで，人間の感覚と知覚のプロセスについてみてきた。私たちの「見え」や「聞こえ」の体験が，幾多のプロセスを経て作り上げられたきわめて主観的な体験であることがわかるであろう。特に錯覚の体験は，外界の物理的な環境と，私たちの脳の中の像が，別のものであることをはっきりと教えてくれる。ここでは視覚上の錯覚，すなわち錯視を例にとろう。

　図1.15（a）は，ミュラーリヤー錯視とよばれる有名な図形である。内向きの羽がついた線分は短く見え，外向きの羽のほうは長く見えるだろう。この錯視のメカニズムはいまだ明らかではないが，「遠近法」のように内向きのほうは「近く」，外向きのほうは「遠く」にあると解釈されて，体験的には短く／長く知覚される，と説明されることが多い。ただそう説明されても，上下の線分をそのまま「同じ」に見ることは，私たちには難しい。

　（b）のエビングハウス錯視は，大きさの錯視である。モノの大きさは，そのもの自体というより，周囲の刺激との「相対性」によって知覚されることがよくわかる。（c）のシェパード錯視は，縦方向に伸びた刺激（線）を実際より長く見てしまうがゆえに生じるといわれる。私たちは縦に伸びた刺激を「奥行き」を示すものと解釈してしまい，網膜上の像よりも「実際は長い」と知覚してしまうようである。

　このように見ていくと，私たちの感覚や知覚のプロセスには，私たちが世

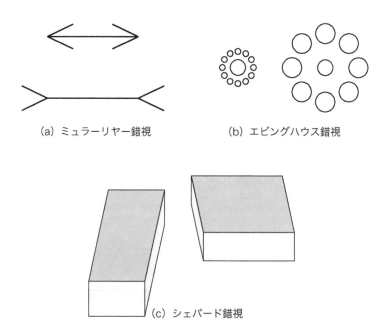

（a）ミューラーリヤー錯視　　　（b）エビングハウス錯視

（c）シェパード錯視

図1.15　錯視図形
a：真ん中の線の長さは上下ともに同じである。b：真ん中の円の大きさは左右
同じである。c：濃く塗られた平行四辺形の上面部分は左右でまったく同じ（合
同）である。

界と効果的に関われるようにさまざまな補正がかかっていることがよくわか
る。人類の進化の過程の中で，感覚・知覚のプロセスは，より生存や繁殖に
便利なように適応的に洗練されていったのであろう。一方で，自動的に種々
の補正や加工がかかってしまうということは，ありのままの現実を認識する
ことを妨げるという危うい面ももっている。私たちが，見たり聞いたりして
いるこの世界は，物理的な刺激そのもののコピーではない。人間の側の都合
で描き直された主観的なイメージを，私たちは「世界」だと信じているにす
ぎない。感覚や知覚のプロセスにどんな特徴があるのかを知っておくことは，
自分の見ている「世界」がどのような補正や処理を受けて描かれたものなの
か，立ち止まって考えることを助けてくれるかもしれない。現実を「正し
く」認識するために，人間の感覚や知覚のクセを知っておくことは役に立つ
であろう。

コラム 錯覚と幻覚

　錯覚とは，一般に実在する対象を誤って知覚することをいう。他人を知人と間違える，壁のシミを虫だと知覚することも錯覚の一例である。一方，実在しない対象に関する知覚を幻覚という。実在しない人物や光景を知覚したり（幻視），実在しない音が聞こえる（幻聴）などが幻覚である。幻視は脳器質性障害やアルコール・覚せい剤などの物質乱用によりしばしば生ずる。統合失調症の患者の幻覚は，幻聴，中でも人の声が聞こえる幻声が主体である。自分の後方でひそひそ声が聞こえ，それが自分の悪口に違いないと感じるという訴えに出会うことがある。これは被害妄想かもしれないが，あくまで錯覚であって幻覚ではない。錯覚と幻覚の区別は治療上きわめて有用なので正確に理解しておかなければならない。

引用文献
・Biederman, I., Recognition-by-Components: A Theory of Human Image Understanding, *Psychological Review*, 94, 115-147, 1987.
・河野龍太郎, 医療安全へのヒューマンファクターズアプローチ―人間中心の医療システムの構築に向けて, 日本規格協会, 2010.
・東京都医療安全推進事業評価委員会, 東京都医療安全推進事業（インシデント・アクシデントレポート収集・活用事業）報告書, 東京都医療安全推進事業, 2006.

参考文献
・下條信輔（著），〈意識〉とは何だろうか―脳の来歴, 知覚の錯誤, 講談社, 1999.
・柏野牧夫（著）, 音のイリュージョン―知覚を生み出す脳の戦略, 岩波書店, 2010.
・V.S.ラマチャンドラン・S.ブレイクスリー（著）, 脳のなかの幽霊, 角川文庫, 2011.
・藤田一郎（著）,「見る」とはどういうことか―脳と心の関係をさぐる, 化学同人, 2007.
・北岡明佳（著）, 人はなぜ錯視にだまされるのか?, カンゼン, 2008.

第2章　学習・行動

　学習ということばは，授業や教科書を通じて知識を獲得することを連想させる。だが，心理学が扱う学習の範囲はもっと幅広く，「経験を通して個体の行動や心の働きに持続的な変化が生じること」と定義される。私たちは産まれてから現在までおそらく毎日欠かさず新しい経験を重ね，学習し，行動習慣や認識，価値観などを刷新し続けている。学習は人間が環境に適応していく上で不可欠な働きであるが，主として動物実験を通して得られた知見からその仕組みが明らかにされてきた。本章では学習の原理のうち主要なものについて説明する。

2.1節　学習の基礎

A. 生得的行動と習得的行動

　人間の行動は学習を通じて後天的に獲得する習得的行動と，遺伝に組み込まれ先天的に備わった生得的行動とに分類される。習得的行動は人間の行動の大部分を占めているが，置かれた環境・文化によってその内容は異なり，個体差が大きい。

　習得的行動の多くは生得的行動を基礎に獲得されるものでもある。生得的行動に個体差はほとんどなく，いくつかの共通した行動がある。口内の刺激による唾液分泌，突然の音や強い光に対するまばたき（瞬目反射），何か新しい刺激に注意や身体を向ける定位反射など，特定の刺激に対して不随意的に生じる反応である反射は生得的行動の例である。特に，乳児期にのみ生じる反射は原始反射とよばれる（**表2.1**）。探索反射や吸引反射が母乳の摂取を可能にするように，原始反射は乳児の生存を支えている。原始反射の生起には脊髄や脳幹が関与しているが，生後数か月が経過する頃には運動を制御する大脳皮質や中脳の発達によって下位の脳の働きが抑制され，原始反射は消失する。だが，中枢神経系に何らかの障害がある場合，原始反射そのもの

表2.1　原始反射の例

名称	刺激	概要	消失時期
探索反射	指などで頬をなでる	なでる方向に頭を向け目標物を探す	生後5～6か月
吸引（吸啜）反射	口唇に触れる	触れたものに吸いつく	生後5～6か月
バビンスキー反射	足裏を踵から小指の方向にこする	親指を甲側に曲げ他の指を扇状に開く	生後12～24か月
驚愕（モロー）反射	大きな音，支えを失うなど突然の刺激	両手の指を開き，抱きつくような動作	生後5～6か月
把握（ダーウィン）反射	手のひらをなでる	こぶしを握る	生後4～6か月
歩行反射	脇を抱え，両足を地面に触れさせる	歩くような足踏み動作	生後1～2か月

> **コラム　病的反射**
>
> 　脳卒中など脳の器質的障害が疑われる患者の診察では，神経学的検査の一環として病的反射を調べることがあるが，その中でいくつかの原始反射の有無もチェックされる。例えば，診察でバビンスキー反射が観察される場合，病的反射として随意運動の神経経路である錐体路の障害が疑われる。吸引反射や把握反射が観察される場合，前頭葉の障害が疑われる。

が生じないか，消失するはずの時期になっても残存することがある。特に，原始反射の残存は脳性麻痺（生後1か月までの間に生じた脳の損傷による運動機能の障害）の可能性や，注意集中・視知覚・運動・学習などの面で発達上の問題が生じる可能性がある。

B. 馴化

自宅で勉強をしているとき，はじめは近所の工事の騒音が気になっていても，時間の経過とともに気にならなくなったという経験はないだろうか。このように，同一の刺激を経験し続けることで，その刺激に対する反応（敏感さ）が低下することを馴化という。これは学習の中でも最も単純なもので，人間からミミズなどの無脊椎動物まで，幅広い種で観察される。馴化の仕組みを応用し，まだ言葉をもたない乳児の知覚能力を明らかにしようとする「馴化－脱馴化法」という実験方法がある。乳児の視覚を調べる実験を例に挙げると，乳児に特定の視覚刺激を繰り返し見せるとしばらくはそれを注視するが，次第に馴化が起きて反応を示さなくなる。そこで異なる視覚刺激を呈示し，反応の回復（脱馴化）が生じるかどうかを観察する。脱馴化が生じたならば，先に呈示していた刺激と後で呈示した刺激との区別が可能であることを意味する。この方法によって，色，人の顔，音素の判別など，乳児の知覚世界の解明が飛躍的に進んでいる。

C. 初期経験

絶対音感が幼少期の豊かな音楽環境（楽器演奏の経験など）によって獲得しやすくなるように，発達初期の感受性の高い鋭敏期とよばれる時期に特定の経験を積むこと（初期経験）を必要とする学習もある。その例の一つに，ローレンツが明らかにした刷り込み（刻印づけ，インプリンティング）が挙げられる。彼はハイイロガンのヒナを観察し，ヒナが生後1日足らずの間に「動くもの」を目にすることで，それに対する永続的な後追い反応が学習されることを明らかにし，これを刷り込みとよんだ。後追い反応は観察者であるローレンツ自身に対しても生じたが，自然界では生後間もないヒナにとっての「動くもの」は親のハイイロガンであるのが通常であり，獲得された後追い反応は親からの庇護とヒナの生存を可能にする。

2.2節 | 条件づけ

先に取り上げた馴化とは異なるタイプの学習として，複数の刺激間，ある

いは刺激と反応・行動間の結びつきが形成される条件づけとよばれるものがあり，人間も含め動物に観察されるさまざまな学習の主要な原理となっている。以下，二つの条件づけについて説明する。

A. 古典的条件づけ

i）古典的条件づけの仕組み

　梅干を口に含むと唾液が分泌されるのは，生得的な反応の一種である。だが，ただ梅干しを見るだけで唾液が分泌されるのは生得的なものではなく，古典的条件づけ（レスポンデント条件づけ）とよばれる仕組みを通じて学習された反応である。パブロフはイヌの唾液分泌に関する実験（**図2.1**）を行い，その仕組みを明らかにしている。

図2.1　パブロフの実験

　イヌは餌が与えられるたびに唾液を分泌するが，これは餌という無条件刺激によって誘発された不随意的な無条件反応である。ここで，餌を与える直前に本来餌とは無関係なベルの音（中性刺激）を鳴らす手続き（対呈示）を繰り返すと，ベルの音と餌との結びつきが生まれ，イヌは餌がなくてもベルの音を耳にしただけで唾液を分泌するようになる。このとき，ベルの音は新たに唾液分泌（条件反応）を誘発する条件刺激として機能して

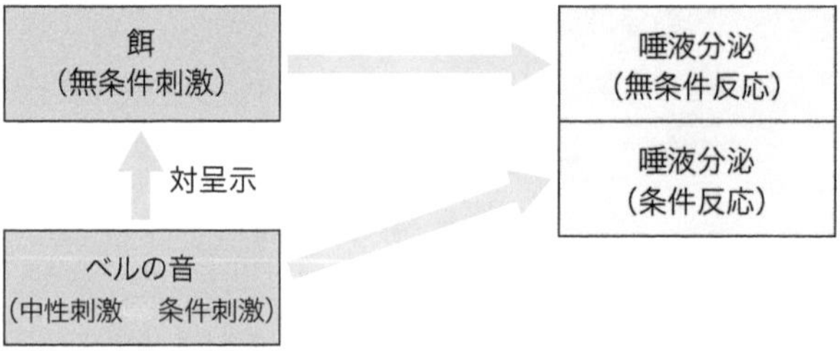

```
┌─────────────┐                      ┌─────────────┐
│    餌       │ ──────────────────▶  │  唾液分泌    │
│ (無条件刺激) │                      │ (無条件反応) │
└─────────────┘                      ├─────────────┤
      ▲                         ┌──▶ │  唾液分泌    │
      │ 対呈示                  │    │ (条件反応)   │
┌─────────────┐                 │    └─────────────┘
│  ベルの音   │ ────────────────┘
│(中性刺激 条件刺激)│
└─────────────┘
```

図2.2　古典的条件づけの仕組み

いる（**図2.2**）。

　同様の手続きによって，唾液分泌だけでなく，瞬目反射や瞳孔反射（瞳孔の収縮）なども条件刺激で誘発させることができる。また，古典的条件づけは特定の対象に対する不合理な恐怖や不安といった情動反応の生起にも関わっている。ワトソンによる有名なアルバート坊やの実験では，乳児のアルバートにシロネズミを見せても怖がらないことを確認した後，シロネズミ（中性刺激）を見せるたびに鉄の棒をハンマーで叩き，乳児が驚く音を鳴らす対呈示を繰り返した。その結果，アルバートはシロネズミを見せるだけで怖がるようになった。シロネズミが鉄の棒を叩く音（無条件刺激）と結びつくことで条件刺激となり，恐れ（条件反応）を誘発するようになったわけである。このような，本来恐れとは無関係な刺激に恐怖反応が誘発されるようになることを恐怖条件づけとよぶ。

　さらに，アルバートの恐れの対象はシロネズミだけでなく，ウサギやイヌ，毛皮のコートなど，「白い毛のついたもの」全般へと広がりを見せた。このように，条件反応は条件刺激と類似した刺激に対しても誘発され（刺激般化），その反応の強度は刺激が類似しているほど高くなる傾向がある。

　一般に，条件反応の獲得後，条件刺激と無条件刺激との対呈示を止めて条件刺激のみ与え続けた場合，条件反応は減弱していく（消去）。これは学習された条件反応が単に忘却されたためではなく，条件刺激に無条件刺激が随伴しないことを新たに学習した結果として生じる。消去手続きを止め，一定時間経過してから条件刺激を与えると，自発的回復とよばれる条件反応の回復現象が生じる。だが，その後も消去手続きを繰り返すと自発

コラム 「恐怖」の学習と消去

　精神疾患の一つである恐怖症（限局性恐怖症ともいう）は，特定の対象や場所，状況に対する過剰で不合理な恐怖反応が持続することを指す。具体的な恐怖の対象には，虫，血液，先の尖った物，高所，閉所，エレベーターなどが挙げられる。古典的条件づけの消去手続きはこうした症状の治療にも活用されている。

　エクスポージャー法（暴露療法）は，恐怖対象に患者を暴露し，その対象に接触しても恐ろしい事態が起こらないことを体験的に学習することで症状の軽減をはかる治療法である。暴露によって一時的に恐怖反応を誘発することになるため，患者には事前に治療方法や作用機序についての十分な説明を行い，治療への同意を得た上で行われる。

　系統的脱感作法では，まず①恐怖を感じる対象をその強さの順にリストアップした不安階層表を作成する。次に，②筋肉の緊張‐弛緩を身体の各部位ごとに行う筋弛緩法訓練に取り組み，筋緊張が緩みリラックスした状態（弛緩状態）を作る。③②の状態で不安階層表の強度の弱いものから順にイメージしてもらう。通常なら恐怖対象を頭に浮かべることで恐怖反応が誘発されるが，弛緩状態と競合するために恐怖反応は抑制される。ここでは，エクスポージャー法と同様の原理に加え，拮抗条件づけによる条件反応の抑制が働いていると考えられる（**図**）。

　消去手続きを止めた後に条件反応の自発的回復がみられるように，恐怖症状が軽減し治療を終えた後に症状が再発することもある。そのため，治療では終結後一定期間経過しても治療効果が維持され，症状が再発していないかどうかを確認するフォローアップも重視される。

図　拮抗条件づけによる条件反応の抑制

的回復は次第に小さくなる。また，条件反応と競合する反応を誘発する刺激（条件反応が恐怖などの不快反応の場合，安楽などの快反応をもたらす刺激）を条件刺激に対呈示すると，消去はいっそう早く生じる。これは拮抗条件づけとよばれ，精神疾患の治療法にもその原理が活用されている。

ii）味覚嫌悪学習

　古典的条件づけによって新たな刺激－反応の結びつきが成立するためには，刺激同士の対呈示を繰り返すことが必要となる。しかし，特定の味覚に対する嫌悪感は例外であり，たった一度の対呈示で学習が成立することがある（味覚嫌悪学習）。ある食物を摂取した結果，ウイルス等の影響で不運にも吐き気をもよおした人は，その食物に対する苦手意識が生まれることがある。このとき，吐き気をもたらすウイルス（嫌悪刺激）と食物の味覚（条件刺激）との偶然の対呈示によって，その味覚への嫌悪感が学習されたと考えられる。特定の食べ物に対する苦手意識をもつ人は少なくないが，そのきっかけとなった経験は思い出せなくとも，それは味覚嫌悪学習の結果と考えることができる。これは古典的条件づけの一種であるが，食物を摂取した後かなり時間が経過してから気分が悪くなったとしても学習が成立すること，一度成立した学習は消去されにくいことなど，独自の特徴がある。不快感をもたらす味覚刺激を避けることは，食物摂取を必要とする生物がその生存可能性を高めるのに必要であることから，味覚嫌悪学習には適応的意義もある。

コラム　アルコール依存症と抗酒剤

　味覚嫌悪学習を臨床に応用したものに，抗酒剤がある。服用後に飲酒すると吐き気や頭痛をもたらす薬剤であり，アルコールに対する嫌悪感が形成されることをねらいとして，アルコール依存症の治療に用いられることがある。アルコール依存症の治療法は，断酒後の離脱症状に対する薬物治療と，断酒を長く継続するために自身の飲酒に対する捉え方や価値観，飲酒習慣を客観的にふり返り，見直していく認知行動療法，患者同士が集まり体験談を語り合う自助グループへの参加が中心であり，抗酒剤はあくまでも治療の補助手段として用いられる。

iii）生物学的制約

　古典的条件づけで対呈示される無条件刺激と条件刺激の組み合わせには
さまざまなバリエーションが想定されるが，その組み合わせによって学習
のされやすさは異なる。例えば，ラットを使った実験では，味覚刺激と内
臓の不快感を引き起こす薬物との組み合わせでは嫌悪学習が成立するが，
味覚刺激と電気ショックとの組み合わせでは学習が成立しにくいことが示
されている。一方，光のような視聴覚刺激と電気ショックとの組み合わせ
の場合，嫌悪学習が成立する。このように，どのような組み合わせであっ
ても等しく学習が成立するわけではなく，種の生物学的制約の影響を受け
ることが明らかとなっている。

iv）古典的条件づけの生理学的仕組み

　古典的条件づけの生理学的仕組みには未解明な点も多いが，条件刺激や
それに誘発される条件反応によって生起過程が異なることが明らかとなっ
ている。ここでは恐怖条件づけを例に挙げる。脳内では感覚器官からの情
報は感覚別にすべて視床に入力され，そこから「それが不快かどうか」を
判断する扁桃体へと送られる。また，視床に入力された情報は同時に大脳
新皮質にも送られ，「それが何か」が判断された後に記憶を司る海馬に入
力・蓄積される。扁桃体と海馬は相互に作用しあっており，前述したアル
バートのように何の害も与えないシロネズミであっても大きな音を予期さ
せる手掛かりとして記憶されているため，「怖い」と判断されてしまう。
こうして扁桃体で処理された情報は視床下部に送られ，心拍数の増加，血
圧の上昇，発汗など，ホルモン分泌による反応や自律神経反応をもたらす。
また，情報は中脳にも送られ，すくみや逃走などの全身反応をもたらす。

B. オペラント条件づけ

i）オペラント条件づけの仕組み

　毎日の勉強が習慣化している人もいれば，なかなか習慣にならない人も
いる。健康維持のための運動も同様であり，毎日続けている人もいれば，
必要とは思いながらも数日しか続かない人もいる。不随意的な反射や情動

図2.3　スキナー箱

反応とは異なり，こうした自発的な行動（オペラント行動）が学習される仕組みはオペラント条件づけ（道具的条件づけ）とよばれる。スキナーはスキナー箱とよばれる特殊な仕掛けを施した実験装置を使って多くの動物実験を行い，この学習の仕組みを明らかにした。給餌皿とレバー（押すたびに餌が与えられる）の付いた装置は，スキナー箱の中でも最もポピュラーなものである（**図2.3**）。この箱の中にラットを入れると，しばらくは周囲を探索するなど無作為に行動する。そのうち偶然前肢がレバーにかかることで，餌が与えられる。これを何度か繰り返すうちにラットの無作為な行動は減少し，頻繁にレバーを押すようになる。一方，レバーを押すことで箱の底面から電撃が流れる仕掛けの装置では，当初は偶然の行動で何度か電撃を受けてしまうものの，レバーに触れる頻度は次第に減少し，そのうちまったく触れなくなる。

　この実験例が示すように，オペラント条件づけでは

　①先行事象（レバーがある）

　②オペラント行動（レバーを押す）

　③後続事象（餌または電気）

の3つの要素の結びつき（三項随伴性）が学習され，オペラント行動の頻度が変化する（**図2.4**）。このとき，餌のように快をもたらす後続事象を好子，電撃のような不快をもたらす後続事象を嫌子とよぶ。また，後続事象によってオペラント行動が増加することを強化，減少することを弱化

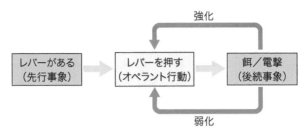

図2.4　オペラント条件づけにおける三項随伴性

（あるいは罰）とよぶ。強化されたオペラント行動も，好子を与えること
を止めれば次第に元の頻度に減少していく（消去）。

ii）オペラント条件づけの分類

　後続事象とそれによるオペラント行動の変化から，オペラント条件づけ
は4種類に分類される（**表2.2**）。「正」とは後続事象として何らかの刺激
が与えられることを意味する。一方，「負」とは刺激が除去されたり，与
えられるのが延期されたりすることを意味する。正の弱化（罰）は子ども
のしつけや教育などでも日常的に行われているが，いくつか留意すべき点
もある。一つは，嫌子を与えることで減らしたい行動以外の行動まで抑制
されてしまう点である。また，嫌子によって行動が減るのは嫌子が継続さ

表2.2　オペラント条件づけの分類と具体例

名称	後続事象と行動変化	日常生活の例
正の強化	好子の付与による行動の増加	努力して学習した結果，いい成績が得られたため，次もいっそう努力する
負の強化	嫌子の除去・延期による行動の増加	勉強中は親から小言を言われないため，勉強が習慣化する
正の弱化	嫌子の付与による行動の減少	子どもがいたずらをしたときに叱ることで，その後いたずらをしなくなる
負の弱化	好子の除去・延期による行動の減少	子どもがいたずらをしたときにおやつを取り上げると，その後いたずらをしなくなる

れている間だけで，問題の根本的な解決にはならない。さらに，弱化を行う側にとっての嫌子が，与えられる側にとっても嫌子であるとは限らない場合がある。例えば，教師が授業中に私語を慎むよう叱責することが，児童にとっては「教師や同級生からの注目」という好子として働き，私語が維持・強化されることがある。

　負の強化では嫌子を回避する行動が学習されるため，その手続きは回避訓練（または逃避訓練）とよばれる。だが，どのような行動をとっても回避できないような嫌子をしばらく与えた後では，回避行動の習得は容易ではない。セリグマンらによる実験では，回避不可能な状況下で電撃を受け続けたイヌは，その後環境を変えて，部屋が暗くなるのを合図に隣の部屋に移動すれば電撃を回避できる回避訓練を施しても，回避行動をとらずただ受動的に電撃を受け続けていた。彼らはこの結果から，回避不可能な経験が繰り返されることで，自分がどのような行動をとっても環境に変化をもたらさないことが学習されてしまうと考えた（学習性無力感）。彼らはこの実験上の現象が人間のうつ病に類似していることから，うつ病の発症メカニズムの解明に応用することを試みた。現在ではそのモデルには批判

コラム　応用行動分析

　動物実験を通してその仕組みが明らかにされたオペラント条件づけは，応用行動分析として，教育・医療・子育てなどにも幅広く活用されている。応用行動分析の基礎となるものにABC分析がある。これは，改善したい症状や行動（Behavior）に対して，それがどのような先行事象（Antecedent）から生じ，またどのような後続事象（Consequence）をもたらしているのかという三項随伴性の観点から，症状や行動が維持・強化されている仕組みを理解するものである。そして，この分析に基づいて先行事象や後続事象に必要な介入を行うことで，症状や問題とされている行動の減少，あるいは望ましい行動の増加を図ろうとする。医療やその近接領域での応用の例として，自閉スペクトラム症をはじめとした発達障害（8章コラム参照）を抱える子どもの不適応行動（自傷行為など）への介入，他者と良好な関係を築くための技能であるソーシャルスキル（集団のルールを守るなど）の獲得，認知症高齢者の行動上の問題（徘徊，介助の拒否など）に対する介入などが挙げられる。

があるものの，自身の行動とそれがもたらす気分の変化を随時記録し，肯定的な気分をもたらす行動を増やしていく行動活性化など，うつ病の治療技法の発展に貢献している。

iii）シェイピング

　水族館でイルカやアザラシの曲芸を見ることがあるが，あのようなユニークな行動もオペラント条件づけを活用した訓練によるものである。だが，ネズミがレバーを押した際に餌を与えるように，偶然生じたオペラント行動を強化する方法では，曲芸のように偶然でも生じにくい複雑な行動を学習させることは難しい。そこで訓練の初期には，「飼育員に近づく」など，身につけさせたい曲芸のファーストステップとなる比較的生じやすい行動を餌で強化する。この行動が習慣化すると，「水面から顔を出す」など，セカンドステップとなるようなオペラント行動を強化する。このようにして，目標とする行動を比較的達成しやすいいくつかのステップ（スモールステップ）に分け，それらを順に強化していくことで，本来目標とする行動を学習させるシェイピングという方法が取られる。

　一方で，このような訓練手続きを経ても，目標とする行動がその種の本能的な行動と競合する場合は学習が困難となる（本能的逸脱）。ブレランド夫妻は，コインを拾って容器に入れる行動をアライグマに学習させようとした。コインが1枚の場合は容易に達成されたが，2枚の場合はそれらをこすり合わせる行動をとってしまい，結局容器に入れることはできなかった。この行動はアライグマが甲殻類を摂食する際に殻を剥ぐ行動に類似していた。このように，古典的条件づけと同様にオペラント条件づけによる学習もまた生物学的制約を受けることが知られている。

　シェイピングは動物の訓練だけでなく，不登校児・生徒に対する登校支援などにもしばしば応用される。「学習道具を鞄に入れる→外出準備をする→家から出る→登校途中にある曲がり角まで行く→学校の入口まで行く→保健室に行く→保健室で担任の先生と話をする」など，比較的達成しやすい行動を順に習慣化していくことで教室復帰を図ろうとする。また，各行動の達成・習慣化を促すために，トークン・エコノミー法が併用される

こともある。これは，目標とする行動を達成するたびに子どもにシールやスタンプなどの代用貨幣（トークン）を与える。それが一定量溜まることで，子どもが望む好子と交換できる仕組みである。

iv）般化と弁別

　ランプが赤色に光っている間，キーをつつけば餌が出る仕組みのスキナー箱にハトを入れると，ハトはランプが光るたびにキーをつつく行動を身につける。ランプが緑色に光った場合でも同様の行動が見られるように，オペラント行動に結びつく先行事象の範囲には一定の広がりがある（刺激般化）。ここで，緑色に光る間はキーをつついても餌を与えないルールに変更したとする。すると，ハトは二つの色を判別し，赤色のときにはキーをつつき，緑色ではつつかなくなる（弁別学習）。人間が新しい環境・状況にも適応することができるのは，過去の経験を般化し知識として活用しているからにほかならない。また，授業中は着席して私語を慎み，休憩時間には同級生と雑談をするように，同じ教室の中でもその状況に応じた行動を身につけているのは弁別学習の結果とも考えられる。

v）強化スケジュール

　どのような条件を満たせば行動が強化されるのかについてのルールを強化スケジュールとよぶ。日常生活の中でオペラント行動が強化される過程をみると，行動するたびに好子が与えられる連続強化よりも，一定の条件を満たすことで強化される部分強化であることが多い。部分強化には4つの種類があり（**表2.3**），強化や消去のされやすさが異なる。その違いは累積反応記録で示される（**図2.5**）。

　強化に要する条件が一定のスケジュールでは，強化直後に反応の休止や反応数の減退が見られるのが特徴的である。一方，強化されるたびに条件が変動するスケジュールでは，いつ強化されるかわからないため反応休止や減退が生じず，累積反応数は直線的に増加する。好子の付与を止める消去段階では変率スケジュールを除き，強化段階と同様の経過をたどりつつ次第に傾斜が緩やかになっていく。変率スケジュールでは消去段階で反応

表2.3 強化スケジュール（部分強化）とその概要

部分強化のタイプ	概要
定率スケジュール	一定回数の反応をするたびに強化する
変率スケジュール	強化に要する反応回数が，強化される度に変動する
定間隔スケジュール	一定時間経過後の最初の反応に対して強化する
変間隔スケジュール	強化に要する時間条件が，強化される度に変動する

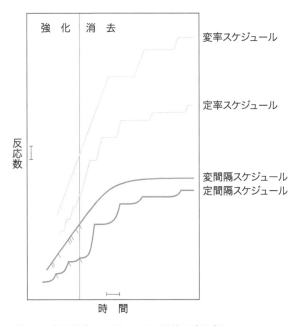

図2.5 部分強化スケジュールと累積反応記録

休止が生じるが，他のスケジュールに比べて消去されにくい特徴をもつ。競馬やパチンコなどのギャンブルにのめりこむ人がなかなか止められない要因の一つは，ギャンブルでは変率スケジュールに基づいて好子（いわゆる「当たり」）が与えられる点にある。

　私たちの日常的な行動は，条件づけのように自分自身が実際に行動し，それが強化されることで習慣化されているものばかりではない。実際には，社会的動物としてのヒトの行動は，好子や嫌子だけでなく他者の存在や行動に大きく影響を受けている。また，個人の内面にある動機づけ（5章参照）や期待といった認知的側面も行動の習得に影響している。本節ではこのような社会的・認知的要因を組み入れて人間の学習の仕組みを包括的に説明しようとする，バンデューラが提唱した社会的学習理論を取り上げ，その中核となる二つの概念について説明する。

A. 観察学習

　グルメリポート番組の放送後，その食堂の集客が急激に伸びることがある。これは，食堂に足を運ぶ・食べるという視聴者のオペラント行動が強化された結果ではなく，観察する（番組を視聴する）だけで生じる観察学習の結果である。バンデューラはボボ人形という風船人形を使った一連の実験を通して，その仕組みを明らかにしている（図2.6）。

　ある実験では，大人がボボ人形に乱暴する映像を幼児に見せた後，その幼児に同じ人形の置かれた部屋に入ってもらい，様子を観察した。その結果，対照群（大人が人形に乱暴せずただ遊んでいる映像を見せた群）に比べて人形に対する攻撃行動が数多く認められた。これは，強化を受けなくてもモデル（人形に乱暴する大人）を観察するだけで攻撃行動が学習されることを示している。

　別の実験では，人形に乱暴した大人がその後，①褒められる（強化条件），②叱られる（弱化条件），③褒められも叱られもしない（対照条件）という3つの条件を設け，先の実験と同様に各条件の映像視聴後の幼児の行動を観察した。その結果，弱化条件の幼児では他の2群に比べて人形への攻撃が明らかに少なかった。これは，モデルの観察によって攻撃行動は学習されるものの，モデルの行動に与えられる嫌子によってその表出が抑制されることを示している。つまり，観察学習では単なるモデルの行動の模倣ではなく，そ

モデル　　　　　　　　　　　幼児

図2.6　ボボ人形実験

　の行動がもたらす結果も含めて学習されているといえる。このように，モデ
ルの行動が招く結果が個人の行動に影響することを代理強化とよぶ。
　こうした観察学習の知見は，日常的に暴力的なテレビ番組を視聴したりテ
レビゲームで遊んだりする経験が攻撃行動へと結びつく可能性を考えさせる。
だが，子どもを対象とした追跡調査の結果からは，必ずしもその仮説は裏付
けられていない。

B. 自己効力感

　社会的学習理論では，行動に影響を及ぼす要因として，オペラント条件づ
けのように環境側から好子が与えられる強化（外的強化）や上述した代理強
化だけでなく，何らかの基準に照らして自分自身の行動を評価し，それに基
づいて自身に好子を与える自己強化（「今日は夜遅くまで頑張って仕事をし
たので，いつもは控えている甘い物を摂取する」など）を挙げている。そこ
には，環境にコントロールされる存在ではなく，主体的・能動的に自らの行
動を調整していく学習者としての人間観が前提にある。

また，行動を規定する先行要因として個人の認知的側面を重視している（**図2.7**）。その一つは結果予期とよばれるものであり，その行動をとることがどのような結果をもたらすかに関する予測を指す。「フルマラソンを完走すれば自分に自信がつくし，友人から賞賛されるだろう」などと考えるのは

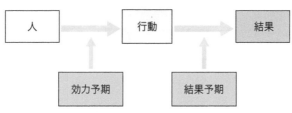

図2.7　結果予期と効力予期

コ ラ ム　社会的学習理論に基づく支援方法

　条件づけと同様に，社会的学習理論も広く臨床への応用が認められる。好ましい挨拶をする，感情をコントロールし適切な形で伝える，無理な要望に対して断るなど，他者と円滑な関係を築き，対人葛藤やストレスに対処するためのさまざまなコミュニケーション技能を獲得するソーシャルスキルトレーニングもその一つである。このトレーニングでは，

　　①特定の技能を含む対人コミュニケーション場面をモデルが実演するのを観察する

　　②参加者はそれを模倣して実演する

　　③実演に対するフィードバックを受ける

という三つの手続きを中心に進められるのが一般的である。発達障害児の療育や統合失調症患者のリハビリテーション，就労支援プログラムなどで活用されている。

　心身の健康維持や生活習慣病の予防のためには，バランスの取れた食事や飲酒の節制，適度な運動などの生活習慣を身につける必要がある。だが，こうした習慣を身につけたいと考えていても，実際にはなかなか継続できないことも多い。このような新しい行動習慣の獲得を促す手立ての一つに，セルフ・モニタリングがある。これは，自身が行った行動（運動，摂取した食事，飲酒量など）と自身の状態（体重，血圧，気分，症状など）を随時ふり返り，記録する方法である。これによって行動とそれがもたらす結果を客観的に把握することができ，健康維持活動に対する自己効力感が高まり，行動が習慣化されやすくなる。

その例である。もう一つは効力予期であり，その結果をもたらす行動をどの程度うまくやり遂げられるかに関する予測を指す。「自分ならフルマラソンを間違いなく完走できるだろう」などと考えるのはその例である。「フルマラソンを完走すれば周囲から褒められるだろう。だが，走り切れる自信がない」というように，効力予期と結果予期は必ずしも連動しない。

　実際に行動をやり遂げられるかどうかを問わず，自分が認知している効力予期は自己効力感とよばれる。自己効力感が高い人は目標達成に向けた積極的な行動をとる傾向がある。自己効力感が高まる条件として，遂行行動の達成（実際に目標とする行動を達成した経験がある），代理的経験（他者がその行動を達成する様子を観察する），言語的説得（他者からの励ましや自分自身に対する暗示），情動的喚起（その行動に伴う肯定的な生理的変化を知覚する）の4つが明らかにされている。

参考文献
・実森正子・中島定彦（著），学習の心理第2版―行動のメカニズムを探る―，サイエンス社，2019.
・楠見孝（著），公認心理師の基礎と実践8 学習・言語心理学，遠見書房，2019.
・ジェームズ・E・メイザー（著），磯博行・坂上貴之・川合伸幸（訳），メイザーの学習と行動，二瓶社，2008.
・坂野雄二・前田基成（編著），セルフ・エフィカシーの臨床心理学，北大路書房，2002.
・三田村仰（著），はじめてまなぶ行動療法，金剛出版，2017.
・杉山尚子・島宗理・佐藤方哉・R. W. マロット・A. E. マロット（著），行動分析学入門，産業図書，1998.

第 3 章

注意・記憶

　講義中の自分の姿を想像してみてほしい。目の前では教員が講義内容のスライドをスクリーンに映しながら説明している。あなたは教員の姿や黒板、スクリーンに目を配りながら、講義の内容を耳で聴き、必要に応じてメモを取る。時々、教員が「これは前回の講義で話したことに関連して…」と話し出すので、あなたは前回の講義内容を思い出そうとする。しばらくすると、後方にいる学生たちが小声で話すのが気になり出してしまい、講義に集中できなくなるかもしれない。この例からわかるように、私たちは常に外の世界の情報を処理している。物事に集中するためには、邪魔な情報を遮断して必要な情報を取り込もうとする。こうした思考の働き、つまり物事を認識したり理解しようとしたりする心の働きや、その心の働きの結果、あるいはそうした認識や理解を可能にする能力を心理学では認知とよんでいる。本章では、人間の認知的な活動である注意、記憶について説明する。

3.1節 | 注意

　心理学では、人の体の内や外にある一部分の刺激（情報）を取り入れ、その刺激以外の情報を排除しようとする過程やその能力のことを注意とよぶ。講義中に視界に入るさまざまな刺激の中から教員の姿だけを見る、周囲の物音を遮断して教員の話に耳を傾けることは、すべて注意の働きによってできることである。私たちの感覚器官には常に大量の情報が入力されているが、その中で自分が見たいものや聴きたいものだけを取り入れ、それらの意味を理解しようとするためには、不必要な情報を排除しなければならない。注意がうまく機能しないと記憶にも残らなくなる。私たちの視覚、聴覚、嗅覚、味覚、そして触覚などすべての感覚には注意が働いている。また、注意は感覚刺激の処理だけでなく、人間の行動や記憶、思考や感情の制御にもかかわっていて、さらには人の覚醒状態や集中を維持する際にも重要な働きをする。

ここでは視覚と聴覚に関する注意を中心に，注意の機能やその特徴について紹介する。

A. 注意の機能

　注意には主に4つの機能があると考えられている（**表3.1**）。単純作業の場合，個人差はあるが人の集中的注意はおよそ30分程度が限界だと考えられている。人が多く集まる場所でも私たちが友人たちと問題なく会話することができるのは，選択的注意が働くためである。騒がしい場所でも自分に関係する話であったり，自分の興味関心の対象に関する話はすぐに聞き取ることができる。多くの雑音の中で自分に関する情報に選択的に注意が向けられることをカクテル・パーティ効果という。

　人は注意を分割して，同時に二つ以上のことに注意を向けることもできる（分割的注意）。例えば，教員の話を聞きながらメモを取る，音楽を聴きながら料理をするなどである。複雑な作業を行う場合，その作業に割かれる処理資源量は大きくなり，同時に別のことをするのが難しくなるが，同じ作業を繰り返すと慣れが生じて作業に必要な資源量が減る。自転車や自動車の運転も，最初は運転に精一杯で他のことを考える余裕はないが，運転に慣れると次第に運転中に他のことを考えたり，周りの景色に目をやるゆとりも生まれ

表3.1　注意の4つの機能

1. 集中的注意（焦点的注意） 　ある物事に注意を集中させること。 　集中していること以外の情報は邪魔になるため排除される。 　注意を長時間にわたり持続させることが可能になる（持続的注意）。 2. 選択的注意 　いくつかの情報の中から必要な情報を選び出すこと。 　必要な情報にだけ焦点を当て，それ以外の情報は排除あるいは無視される。 3. 分割的注意 　注意を二つ以上の作業に分割して行動できるようにする機能。 　人の情報処理には一定の資源（処理容量）が必要だという考え方に基づく。 4. 期待・予期 　ある対象が現れるかもしれないという期待や予期によって注意が向けられる。

注意の障害

　注意の障害は，持続の障害（ぼんやりする，集中できない，ミスが増える），選択の障害（気が散る，周囲の刺激に注意がそれやすくなる），転換の障害（注意の切り替えが難しい）そして分配の障害（二つ以上のことを同時にすることが難しい）の4つにまとめることができる。注意の障害として，注意欠如多動症／注意欠如多動性障害（Attention Deficit Hyperactivity Disorder，以下ADHD）がある。ADHDは不注意（気が散って物事に集中できない），多動性，衝動性（落ち着きなく，じっと座っていることが難しい）を中核の症状とした障害名である。こうした症状は子どもには一般的にみられるものであるため，年齢相応のものなのか否かの見極めが難しい。ADHDは事故やケガのリスクが高く，またADHDの症状が原因で対人関係の中で摩擦も生まれやすい。

　ADHDは学齢期（義務教育に該当する9年間）の子どものおよそ3〜5％程度でみられ，男女比は3：1とされている。発達段階によって症状の現れ方も変わってくる（学齢期には多動性や衝動性といった目立つ症状が問題視されやすく，成長とともに不注意の方が問題の焦点となりやすい）。ADHDの原因としては遺伝と環境の両方の要因が関係すると考えられている。ADHDの治療は，薬物療法で症状をコントロールしつつ，心理学的な援助によって日々起こりやすい困りごとを具体的に解決していく方法をとる。ADHDの治療目標は主要な症状を完全になくすことではない。症状の改善に伴い，学校や家庭における困難が好転される中で，ADHDの症状を自分の一部として受け入れ，折り合いをつけられるようになることを目指す。

てくる。また，人の注意はすでに存在している対象にばかり向けられるものではない。今はまだ存在しないが，そのうちそこに現れるかもしれないと次に起こりうることを期待・予期したりして注意を向けることがある（注意の準備状態ともいえる）。注意が機能しなくなった場合，集中が途切れて注意は散漫となり，気持ちの切り替えも上手にできなくなり，日常生活に支障をきたすことになる。

B. 注意の基礎理論

　これまで，注意の中でも中核的な役割を担う選択的注意に関する研究を通して注意の仕組みを説明する理論やモデルが生み出されてきた。チェリーや

ブロードベントの実験では，実験参加者に左耳と右耳とでまったく異なる音刺激を同時に聞かせ，片方の耳に聞こえる音声のみに注意を向けさせ，そこから聞こえてくる言葉を復唱させて，もう一方の耳から聞こえる音声を無視させるという両耳分離聴課題が行われた。この実験の結果から，複数の注意の理論が誕生することになった。

i）初期選択理論

　この理論では，注意による選択は情報入力の早い段階で行われ，最初に選択された情報のみが処理されると考える。両耳分離聴課題では，右耳の音声にのみ注意を向けさせ，左耳の音声は無視させた。右耳の音声情報をそのまま復唱させると，実験参加者は左耳からの情報に邪魔されることなく右耳だけの情報を復唱することができた。そして実験後，実験参加者のほとんどは左耳に入った情報を報告することができなかった。最初に注意を向けなかった情報は情報入力の早い段階で選択のフィルターから外されるため，その後の処理に行き着かないと考えた。

ii）後期選択理論

　この理論では，注意による選択は情報が一通り入力された後に行われると考える。ある実験で，これまでの両耳分離聴課題とは異なり，注意を向けない方の耳に実験参加者の名前を音声として含ませた情報を流した。実験終了後，実験参加者は注意を向けていなかったにもかかわらず，およそ3割の実験参加者は自分の名前が提示されたことに気づいた。このことから，注意の選択は初期に決まるのではなく，情報入力が終わってから人の注意によってより重要な情報が選択的に取り出されている，つまり後期に注意が選択されると考えた。

iii）容量モデル

　このモデルでは，人間の注意を有限の資源（処理容量）とその配分によって説明しようとする。資源が十分にあれば課題の遂行成績は良いが，不足すると遂行成績は低下する。注意を二つ以上の課題に同時に配分すると

いう分割的注意を説明するモデルである。

iv）知覚的負荷理論

　この理論では，注意の選択が前に決まるか，後に決まるかは，注意が優先的に向けられる中心的な刺激の知覚の負荷によって決まると考える。注意を向ける対象となる情報を取り出そうとする負荷が高いと，それだけで資源を使い切ってしまい，他の情報を処理する余力がなくなり，結果として注意は初期選択となる。しかし，負荷が低い場合には余った資源を使って，本来注意を向けない情報にまで注意を向けることができ，結果として後期選択になると考える。容量モデルの考え方を初期選択と後期選択の違いの解釈に取り入れた理論である。

C. 視覚的注意

　両耳分離聴課題では主に聴覚に関する注意の機能が明らかにされてきたが，次第に視覚に関する注意にも注目が集まるようになった。視覚的な注意は完全なものではなく，情報の検出時にたびたびエラーを生じさせることがわかっている（**表3.2**）。

i）スポットライト説

　演劇などの舞台上では，スポットライトに照らされた場所は強調されてよく目立ち，それ以外は背景として目立ちにくくなる。人の目には多くの刺激や情報が飛び込んでくるが，スポットライトが当てられるように人の視覚的な注意もある特定の位置に集中される。例えば，非常に混雑する食堂では視界には目の前の友人以外にも多数の人の姿が写り込むはずだが，会話中は友人以外の人は背景となって目立たず，友人との会話に集中することができる。スポットライト説では，注意がある位置から別の位置に移動するには，①注意を向ける過程，②その注意を解除する過程，そして③注意を移動する過程，の三つが必要になると仮定されている。視覚的な注意はその範囲を狭くすることも，ある程度広げることもできることが知られている。また，注意のスポットライトは複数の場所に向けて分割するこ

表3.2 視覚的注意のエラー

- **変化の見落とし**
  注意を向けているにもかかわらず，対象の変化に気づかない。「見てはいるが見えていない」現象（「The Door Study」や「The Invisible Gorilla」の実験が有名。動画サイトなどで検索してみてほしい）。
- **負のプライミング**
  注意を向けていない情報にも情報処理がなされ，その後の注意や判断に影響を及ぼすこと。最初は無視した情報にその後注目させると，反応時間が遅くなる（反応が抑制される）。
- **注意の瞬き**
  二つのターゲットとなる刺激が短い時間内に提示されると，一つ目は捉えられるが二つ目を見落とす。一つ目の刺激を無視して，二つ目に注意を向けると二つ目の刺激の検出は可能になる。
- **ストループ効果**
  一つの特徴への反応がもう一方の特徴に干渉されて反応が妨害されること。例えば，文字の色と文字が表す色名が異なる（赤色で書かれた青という文字）と色名を答えるのに時間がかかる。

ともできる。

ii）先行手がかり

　「視野内にターゲットとなる刺激が提示されたらできるだけ速くボタンを押す」という課題を実験参加者に与え，刺激が提示されてから実験参加者がボタンを押すまでの反応時間を計測する（これを空間的注意課題という）。このとき，ターゲット刺激が出現する位置が事前に示されていると，事前に示されない場合やあえて誤った位置を示す場合に比べて反応時間が短くなる。これは，先行する手がかりが示す位置に注意が集中されて，ターゲット刺激の検出に備えることができるようになるためである（期待と予期が働いた結果といえる）。

iii）視覚探索

　視覚的注意がうまく働くことで，人は多くの刺激の中からターゲットとなる刺激を探し出すことができる（視覚探索という）。ターゲットとなる

刺激以外の多くの刺激（妨害刺激）の中からターゲット刺激を見つけ出す作業は容易ではない。ターゲット刺激が妨害刺激に比べて目立つ特徴を有していたり，あるいは妨害刺激の色や形，位置などの特徴が単純であれば，ターゲット刺激を発見するのは比較的簡単で，妨害刺激の量が増えてもターゲット刺激を検出するまでに時間もかからない。まるでターゲット刺激が目に飛び込んでくるように見える（これをポップアウトという）。

D. 注意の生物学的基盤

　注意や空間の認識には，主に頭頂葉が関与していると考えられている（図3.1）。人がある課題に注意を向けようとすると，脳の右半球の前頭部分と頭頂部分の活性化がみられる。ある刺激に対して視覚的な注意を向けようとする処理は，主に脳の頭頂部と側頭部（対象物の色や形に注意を向けることに関与する領域）といった脳の後部（後部組織）が関与し，また注意の制御は脳の前頭部（前部組織）でなされていると考えられている。

　特に，視覚的注意は主に脳の右半球が司っていると考えられてきた。これを裏付ける症例に半側空間無視（損傷した大脳半球と反対側の刺激に気がついたり，反応したり，その方向に向いたりすることが障害される病態）がある（図3.2）。

　脳の右半球は視野の左右空間へ注意を向けることができるのに対して，左半球では対側となる右側空間に対して主に注意が向けられている。このため，

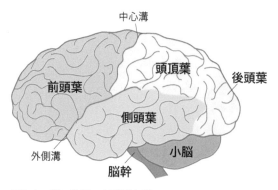

図3.1　脳の外観－大脳新皮質

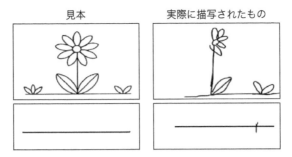

見本　　　　　実際に描写されたもの

図3.2　半側空間無視の人によって描かれた絵

右の図は見本の花の左側が描かれていない。下の図では「線の
半分のところに縦線を引いてください」という指示を受けて線が
描かれたもの。線全体の4分の1のところに縦線が引かれてしま
っているのがわかる。

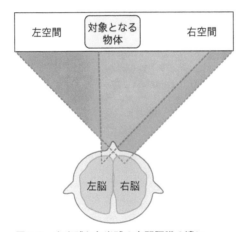

左空間　　対象となる　　右空間
　　　　　　物体

左脳　右脳

図3.3　右半球と左半球の空間認識の違い

右半球が損傷を受けると左半球で右側空間の処理はできるが，右半球の損傷
によって左側空間への注意のコントロールが失われてしまう（**図3.3**）。右
半球の頭頂葉と側頭葉の境界部が損傷したときに起こりやすいと考えられて
いる。また，右半球損傷による左半側空間無視に対して，左半球損傷による
右半側空間無視も起こりうることが報告されている。

　半側空間無視では損傷を受けた大脳半球の反対側の空間に注意を向けるこ
とはできないが，無視されたはずの情報は実際には脳内で処理されているこ

とが知られている。半側空間無視は注意が向けられず意識にのぼらなかっただけであって，情報が完全に捨て去られるわけではないと考えられている。

物事を覚え，思い出すといった一連の過程を記憶とよぶ。記憶は記銘，保持，そして想起の三つの段階から構成されている（**図3.4**）。

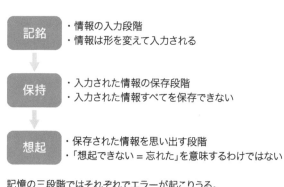

記憶の三段階ではそれぞれでエラーが起こりうる。
「思い出せない」という現象は保持・想起の失敗だけでなく
記銘という情報入力の失敗である可能性もある。

図3.4　記憶の三段階

A. 記憶の三段階

i）記銘（符号化）

私たちは感覚刺激を通して外から情報を取り込んでいる。取り込まれる情報は，人間の内部で処理されやすいように形を変えて（変換されて）次の段階（保持）へ進む。例えば，あなたが本を読むとき，その本に書かれている一語一句すべてが記憶されるのではなく，本の要点だけが記憶されていることだろう。記銘の段階では入力される前の情報が形を変え，その人にとって必要だと判断された情報は取り込まれるが，それ以外の情報は漏れ落ちて記憶されないことになる。

ii）保持（貯蔵）

　例えば，パソコンのデータ入力では，入力された情報はすべて記銘され，保存される。パソコンに何か致命的な欠損がない限り，記銘された情報は正確に保存され，いつでも再現することができるが，人間にはこれができない。この点が機械による記憶と人間の記憶との大きな違いである。人間の記憶では，すべての情報はありのままの形では入力されず，人によって記銘の仕方が異なる。同じ映画を観た二人がいたとして，その映画のあらすじを尋ねてみると全体的には似た報告をするが，人によって報告される内容は異なる。人間は外にある刺激をありのまま保存することが難しい。保持の段階で情報の保存に失敗すれば，後日その情報を思い出すことはできない。

iii）想起（検索）

　記銘され，保持された情報は想起が可能である。先のパソコンの例でいえば，保存された情報は必要なときにいつでも開くことができるが，人間の場合では記銘されて一時は保持された情報であっても，何らかの理由で想起できなくなることはよくある。想起できないことは，記憶が消えたことを意味するわけではない。今すぐには思い出せないことでも，しばらくして思い出すこともあれば，何かの手がかりによって思い出すことも可能である（**表3.3**）。また，記憶は文脈に依存する特徴をもっており（環境

表3.3　想起の種類

- 再生
  記銘して保持された情報がそのままの形で再現されること（例：自由再生法，「Aから始まる英単語を10個言ってください」）
- 再認
  以前経験したことを「経験した」と認識できること（例：イソップ寓話の「金の斧」，「あなたが落とした斧はこのうちのどれですか」）
- 再構成
  保持されている記憶が組み合わされて再現されること。記憶は過去の正確な記録ではなく，状況に応じて人によって新たに構成される。想起するたびに記憶は再構成される（そのため偽の記憶が作られたり，記憶が歪んだりもする）。

的文脈依存記憶という），人の記憶はその時々の状態に依存する性質（状態依存性）があると考えられている（5章参照）。

B. 記憶の分類

　記憶の古典的な理論では，記憶の用途に合った貯蔵庫があると仮定されており，記憶の保持時間によって記憶の種類が区分されている（**図3.5**）。その後，記憶は時間区分による分類や記憶内容による分類が行われ，さまざまな記憶があると考えられるようになった。

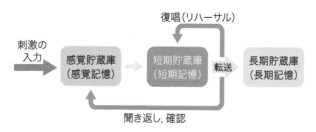

図3.5　記憶の貯蔵庫と各種記憶

i）記憶の貯蔵庫モデル

①**感覚貯蔵庫**　人間の各感覚器から入力される情報を保持する場所である。感覚貯蔵庫の情報はその刺激から離れると数秒以内に急速に消失する。感覚貯蔵庫の記憶を感覚記憶という。さらに，視覚情報の感覚記憶をアイコニック・メモリー，聴情報の感覚記憶をエコイック・メモリーとよぶ。情報の入力から消失まであまりに早いため，普段意識されることはない記憶である。「あれは何だろうか？」と人の注意や関心が向けられた（選択的注意が働いた）情報は次の短期貯蔵庫に移行する。

②**短期貯蔵庫**　必要に応じて短期間だけ情報を貯蔵することが可能な場所であり，短期貯蔵庫の記憶を短期記憶という。短期記憶の持続期間は数秒から20〜30秒程度と考えられている。短期記憶の容量はある程度決まっており，その容量は7±2の範囲であると考えられてきた（マジカルナンバー7とよばれる）。一度にたくさんの情報を出されても，記憶

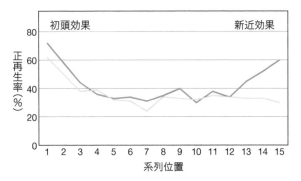

図3.6　自由再生法を用いた系列位置曲線
オレンジの線は遅延時間を置かずに自由再生させた場合。青の線は単語を呈示し終わった後に10～30秒程度の遅延時間を置き，その後自由再生させた場合。

される数には限りがある。

　短期記憶の保持と時間については，自由再生法（ある情報を記憶させ，その後思い出せるものから順に再生させる方法）を用いた実験によってその特徴が明らかにされてきた。例えば，簡単な単語15個を1語ずつ一定の速度で呈示して，呈示された単語を自由再生させると**図3.6**のような結果となる。

　図のオレンジの線をみると，最初の方に呈示された単語は想起されやすく（初頭効果），最後の方に呈示された単語も想起しやすくなっている（新近効果）。このように単語の呈示された系列位置によって再生率に差が生じることを系列位置効果という。単語を呈示し終わった後に10～30秒程度の遅延時間を置き，その後自由再生させると今度は図3.6の青の線のような結果となる。初頭効果や中央部の記憶の再生率には大きく影響しないが，新近効果が消失していることがわかる。新近効果は短期記憶に保持されている情報量を表していて，10～30秒の遅延時間によって短期記憶に保持されなかったと解釈できる。

　短期記憶の小さな容量を補うため，私たちは普段の生活で何気なく工夫をしながらできるだけ多くの情報を記憶しようとしている。例えば，電話番号を覚えるときも，「09015…」と数字の羅列を一気に覚えるより

も「090-15…」のように区切って覚える方が記憶の負担は少ない。英単語も接頭語と接尾語に分けて覚えた方が記憶に残りやすくなる。このように，記憶材料をより大きな単位に変換して記憶として保持することをチャンキングという。また，短期記憶は何度も口にしたり，紙に書き出すなどして情報を記憶として定着させようとする（反復して覚えようとすることをリハーサルという）と次の長期貯蔵庫へ移行しやすくなる。

③**長期貯蔵庫**　短期記憶がリハーサルされることでたどり着く記憶の貯蔵庫であり，この貯蔵庫の記憶を長期記憶という。長期記憶は理論上，容量は無限で消失しないと考えられている。しかし，人間の記憶の構造は決して完璧なものではないため，何らかの要因によって長期貯蔵庫にあったはずの情報を引き出せなくなることもある。

ii）さまざまな記憶

①**時間区分による分類**　感覚記憶，短期記憶，長期記憶は記憶の保持時間に応じた記憶の分類であり，主に心理学領域で用いられてきた用語である。医学領域では，情報の記銘から想起までの保持時間によって，数十秒程度の保持時間をもち，干渉があまり入らない即時記憶（単語や数字の暗記で即座に思い出すことのできる記憶），即時記憶よりも長く保持され，新しい情報の獲得や学習能力に相当する近時記憶（数分から数週間に渡って保持される記憶），何度も繰り返し思い出している記憶であるため失われにくい遠隔記憶（数ヶ月から数十年に渡って保持される記憶）の三つに分類されている。この場合，短期記憶は即時記憶に該当し，近時記憶や遠隔記憶は長期記憶に該当する。

②**作動記憶**　作動記憶（ワーキングメモリー）とは，ある目的を達成するために必要となる情報を一時保存するという，短期記憶の機能的な側面に注目した場合の記憶の名称である。例えば，計算問題に取り組んでいるときや料理をしているときには，ある情報を保持しながら別の作業に取り組み，必要に応じて保持された情報を引き出すような複雑な作業を求められる。作動記憶は，視空間スケッチパッド（視空間情報の処理，頭の中のメモ帳），音韻ループ（聴覚情報の処理），エピソードバッファ

図3.7　作業記憶のモデル

（現在取り組んでいる作業に関連するエピソードや知識に関わる長期記憶を引き出す，視空間スケッチパッドや音韻ループの処理を助ける），そしてそれらを制御する中央実行系で構成される（**図3.7**）。

③**記憶内容による分類**　記憶には，記憶の内容を言葉にして伝えることができる記憶（宣言的記憶）と言葉にするのではなく体で覚える記憶（非宣言的記憶）がある（**図3.8**）。これらの記憶はいずれも長期記憶に含まれる。宣言的記憶はさらに，個人的な経験に関する情報の記憶であるエピソード記憶（例：昨日は何をしたか，朝食は食べたか）と一般的な知識に関する記憶である意味記憶（例：「記憶とは何か」という問いの答え）に分類される。非宣言的記憶には学習された技能や手続きの仕方などの情報の記憶である手続き記憶（例：自転車の乗り方やパソコンの使い方），先行する刺激によって記憶が促進されたり抑制されるプライミング（例：「ピザ」を相手に10回言わせた後にヒジを指して「ここは？」と尋ねると誤った回答が得られやすくなる），そして古典的条件づけ（2章参照）が含まれる。

　また，記憶された情報に対する個人の意識状態の相違によって，顕在記憶と潜在記憶という分類も可能である。前者は「思い出そうとする」という意識的な想起を伴う記憶であり，一方で後者はそうした意識的な想起を伴わない記憶のことを指している。先の宣言的記憶は顕在記憶に該当し，非宣言的記憶は潜在記憶とみることもできる。

④**未来に関する記憶**　記憶される情報は過去のものとは限らない。まだ起きていない未来を想像し，未来に備えるための記憶を展望的記憶とよぶ。

図3.8　記憶される内容に基づく分類

展望的記憶のおかげで，例えば「後で友人にメールしよう」とか「一週間後のレポート課題は今晩やっておこう」などのように，私たちは予定した行動を行うことができる。これに対して，過去の出来事に関する記憶を回想的記憶という。展望的記憶のうち，習慣化された行為（食事や歯磨きなど）や特別な行事のプラン（試験，旅行）は忘れられにくく，そうでない行為（電話する，物を持っていくなど）は忘れられやすい。

C. 忘却

i）時間と忘却

　人は記憶する存在であると同時に，忘れる（忘却）存在でもある。忘却と時間の関係を明らかにしたのは，エビングハウスである。彼の実験では，自分自身を実験参加者として無意味綴り（例えばYIGやLUQのような子音と母音の組み合わせの3音節綴り）を完全に暗唱できるようになるまで記憶させ，それが1ヶ月の間にどの程度忘却されるかについて明らかにした（**図3.9**）。完全に記憶した翌日には3分の2程度が思い出せなくなり，31日が経過しても0％にはならないが，1ヶ月前に記憶した無意味綴りはほとんど思い出すことができなかった（これを記憶の減衰説という）。

　続いて，バートレットは意味のある材料（有意味刺激）を用いて忘却の実験を行った。彼の実験では，ある物語を記憶させた後に一定の時間間隔で記憶した情報を再生させた。この実験でも，記憶された物語の情報の再

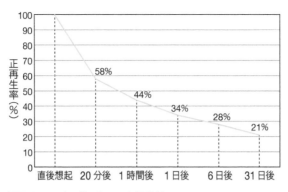

図3.9　エビングハウスの忘却曲線

表3.4　バートレットによる記憶の6特徴

1. 省略 　物語の細部は省略される
2. 合理化 　話の通りにくい部分は情報を加えて合理的な説明がなされる
3. 強調 　物語のある部分が強調され，物語の中心的な位置を占めるようになる
4. 細部の変化 　再生する者にとって馴染みのない情報は馴染みのある表現に置き換えられる
5. 順序の入れ替え 　物語内の出来事の順序は話の筋が通るように並べ替えられる
6. 被験者要因 　実験に参加した人の態度や感情が物語の再生に影響する

生量は時間の経過とともに減少したが，バートレットは記憶された情報の再生内容が質的に変化していることに気づき，人の記憶の特徴を明らかにした（**表3.4**）。バートレットはこの実験から，人はスキーマ（これまでの経験が基になった認知的な枠組みのこと）に基づいて新しい情報を認識したり記憶したりするため，記憶された内容はスキーマによって変化したのだと主張した。記憶内容の変化は，スキーマと合致する情報はそのまま記憶され，一致しない情報はその情報を歪曲することで自分のスキーマとの整合性を保とうとした結果だといえる。

ii）記憶への干渉

　時間の経過が忘却をもたらす原因については，ジェンキンスとダレンバックの実験で明らかにされた。この実験では，実験参加者に10個の無意味綴りを完全に暗記させ，一定時間眠った場合と起きていた場合の忘却の程度が調べられた。その結果，眠っていた実験参加者に比べて起き続けていた参加者の方で忘却の程度が大きいことがわかった。この結果から，忘却は単に時間の経過によるものだけでなく，ある記憶が他の記憶によって干渉を受ける（記憶の干渉）ことによって生じると考えられるようになった。ある事柄に関する記憶がその後の記憶によって干渉を受けることを逆向抑制，過去の出来事や記憶によって干渉を受けることを順向抑制という（**図3.10**）。干渉はある記憶と干渉する前後の記憶の類似度に影響されることがわかっている。

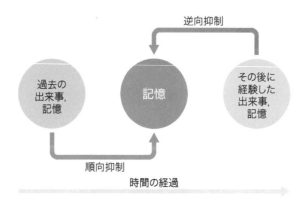

図3.10　記憶の干渉－順向抑制と逆向抑制

iii）健忘

　数秒前から数日前，さらに以前の出来事や体験を想起することができなくなる記憶の障害を健忘（記憶障害）という。部分的に想起できない部分健忘とすべての記憶が完全に失われる全健忘がある。健忘には，脳に何らかの障害があってそのことが原因となって健忘が出現する器質性健忘，そして脳に障害は認められないが強い精神的なストレスを原因として健忘が

　人間の脳は重要な役割を果たす中枢や神経が集中しており，破壊されてしまうと再生できない。そのため，脳は頭蓋骨や髄膜（硬膜，くも膜，軟膜）により保護されている。また，脳は脳脊髄液で満たされていて，その液が循環されており，脳内には一定の圧力が維持された状態になっている。例えば，交通事故や転倒，スポーツによる衝突などによって頭部に強い打撃を受けると脳震盪（脳が強く揺さぶられた状態）を起こし，数秒から数分，重症の場合は数週間も続く意識消失が生じることがある（外傷後健忘）。患者の意識が回復しても，しばらく意識は不鮮明な状態だが，やがて回復する。患者の短期記憶は保たれているため，通常の会話は可能である。しかし，打撃を受けた出来事に関して永続的な逆向性の健忘を示すことがあり，意識が不鮮明な状態の後しばらくの間，起こった出来事に関しても前向性の健忘を起こすことがある。その場での会話は可能だが，その後会話した内容をまったく思い出せない。脳震盪による健忘の経過をみると（図），基本的に脳震盪による症状は一過性（症状が一時的であること）かつ可逆性（元の状態に戻ること）のものである。一般的に，意識不鮮明と前向性健忘の持続時間は意識消失の時間よりも長く，意識消失の持続時間は逆向性健忘よりも長くなる。頭部への打撃がさらに強かった場合，意識消失，意識不鮮明，そして健忘の期間はより長くなると考えられている。

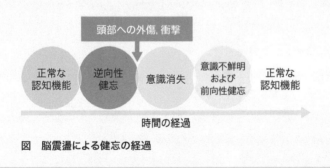

図　脳震盪による健忘の経過

出現する心因性健忘がある。健忘を発症した時点からみて，発症後に起こる新しい事柄に対する健忘を前向性健忘，発症前に起こった出来事に対する健忘を逆向性健忘という。逆向性健忘に関しては，過去に遡るほど想起できる情報量が増える傾向にある。

　また，私たちは幼い頃の記憶，特に3歳以前の出来事を思い出すことが

心因性の記憶障害

　心因性健忘（解離性健忘ともいう）は通常突然発症し，自分にとって重要な出来事に関する記憶が脱落する。器質性健忘に比べると，心因性健忘では失われる記憶は強いストレスに関連する情報（例：虐待体験，被災体験，犯罪被害など）であることが多く，それ以外の情報や一般的な知識に関する想起は比較的保たれる。無理に思い出させようとすると苦痛を覚えることもあるが，中には不思議なほどに記憶がないことに無関心な人もいる。普通は出来事の一部だけについての部分的・選択的な健忘（部分健忘）の場合が多いが（想起可能な部分を記憶の島という），まれに全生活史健忘（自分の姓名，生年月日，家族などこれまでの自分の生活史をまったく想起できない状態）の形をとることもある。全生活史健忘ではエピソード記憶は想起できないが，食事をしたりテレビのスイッチを入れるなどの日常生活の記憶は保たれている。

　また稀な症例ではあるが，家庭や職場から離れて行方不明になり，後に発見されたときにその期間のことを覚えていないものを解離性遁走という。心因性健忘が生じた際，周囲に知人がいないと結果的に遁走になることもある。遁走の持続期間は数時間から数ヶ月，時に長期に渡る。この期間中，自らの身辺管理は保たれ，さまざまな手段を用いて移動することができる。このため，遁走中であっても目立たず，誰かに発見されることも少ない。遁走が生じる背景には，隠された願望の充足であったり，非常に強いストレスからの逃避があると考えられている。

難しい。これを幼児期健忘という。たとえ3歳以前の記憶を想起することができたとして，その記憶の真偽について確証することもできない。シャインゴールドとテニーが行った実験では，4歳から大学生まで幅広い年齢の実験参加者を集め，家族内で起こった出来事を想起できるかどうか詳細な質問を行った。その結果，実験参加者は1歳以上3歳未満のときに生じた出来事を想起することができなかった。幼児期健忘は一般的に印象的で記憶に残りやすいといわれる出来事の記憶であっても生じる。

D. 記憶の生物学的基盤

i）記憶の貯蔵にかかわる脳領域

　記憶や学習にとって重要な脳の領域の一つは海馬である。海馬は大脳の

中でも大脳辺縁系とよばれる領域にあり，側頭葉の内側に位置している（**図3.11**）。海馬には各種の感覚情報が入力され，その情報をもとにした記憶の貯蔵装置としての役割を果たすと考えられている。

　記憶のすべてが海馬に蓄積されるわけではない。海馬を含む内側側頭葉の領域を切除された後でも，古い記憶は保たれることがわかっている。記憶は海馬だけでなく，脳の広範な部位によって蓄えられる。少なくとも，下側頭皮質，扁桃体，前頭前皮質，小脳，そして線条体の5つの領域（図3.11）が人の記憶の貯蔵に関係していると考えられている（**表3.5**）。

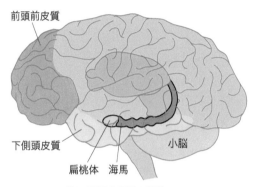

図3.11　記憶に関係する脳の構造
扁桃体と海馬は側頭葉の内側に位置するため，脳の表面から確認することはできない。ここでは便宜的に図のように示している。他の構造を邪魔するため，線条体を含めていない。

ii）扁桃体と海馬

　感情にとって重要な脳領域の一つである扁桃体は海馬と隣接している。海馬と同様，扁桃体にも感覚情報のすべてが入力される。例えば，人は何らかの恐怖体験をするとその体験は恐怖記憶として残りやすくなる。さらに人は恐怖体験をした状況と類似する状況におかれると恐怖反応が誘発されるようになる（例えば，交通事故に遭った人はその後車やバイクを見るだけでもすくむような反応が現れる）。このように，感情と記憶はセットとなって脳内に蓄積され，ある感情はある記憶をよび起こしやすくなる。

表3.5　記憶に関係する各領域について

- **下側頭皮質**
  物体の視覚的な認知に関与する領域。視覚パターンの記憶の貯蔵に関与する。
- **扁桃体**
  感情や記憶に重要な役割をもつ。経験したことの感情的な意味の記憶に関与する。
- **前頭前皮質**
  複雑な認知，行動の計画，性格の発現，社会的行動の調整に関与する。この領域が損傷を受けても出来事の想起は可能。しかし時系列に関する記憶，作動記憶の欠落がみられる。
- **小脳**
  感覚，運動技術についての記憶を蓄積する。運動制御の役割を果たし，小脳の傷害は運動障害を引き起こす。小脳の病変で手続き記憶の障害が出現する。
- **線条体**
  運動機能，意思決定，習慣の形成に関与する。刺激と反応の間の一貫した関係の記憶を蓄積する。線条体の傷害により，反復練習をしても記憶が増大しなくなる。

また，特定の記憶は特定の感情を喚起させることにもなる（例えば，過去の出来事を思い出して怒りがこみ上げてくるなど）。

　本章で紹介した注意と記憶は相互に結びつき，柔軟に機能している。注意がうまく機能しなければ記憶の定着には至らないように，注意と記憶のプロセスは相互依存的である。人間の認知的な活動はかなり精緻なものであるとはいえ，コンピューターによる処理のように正確でもなければ客観的でもなく，感覚・知覚の処理と同様に人の主観的な要素（感情や欲求，価値観，態度，思い込みなど）によって容易に歪んでしまう（1章参照）。注意や記憶に関する心理学の知見は，目撃証言の信頼性を検証することにも活用されている。事件の目撃証言の信頼性は決して高いとはいえない。なぜなら，私たちはすべての情報のうち目立つものや気になるものに注意が向けられ，その一部の情報に関する記憶が残ってしまうためである。私たちの認知的な活動から主観的な要素を排除することは難しい。

コラム　アルツハイマー病

　アルツハイマー病は認知症の原因疾患の一つであり，認知症全体の半数以上を占めている（アルツハイマー病による認知症をアルツハイマー型認知症という）。大脳の全般性の萎縮（脳の萎縮は徐々に進行する）と神経細胞の脱落，そして老人斑（アミロイドベータとよばれる異常タンパク質の生成・沈着および組織の崩壊と炎症反応によって大脳皮質にみられるようになるシミ）や神経原線維変化（変性した神経線維の束）が多く見られることを特徴としている。老人斑と神経原線維変化が脳全体に多数出現することにより，正常な神経細胞を変性脱落させ，脳萎縮を起こす。

　アルツハイマー病の初期症状は記憶の障害が中心であり，意欲の低下（アパシー）もみられる。記憶では特に短期記憶（最近の記憶）が障害されやすいが，古い記憶（例：生年月日は答えられるが現在の年齢は答えられない）や手続き記憶はかなり後まで保たれる。手続き記憶は大脳基底核や小脳を使うために記憶障害になっても失われにくいと考えられている。これまでの画像診断の結果から，アルツハイマー病では初期には側頭部内側部，主に海馬傍回周辺に限局した萎縮がみられることが多く，また側頭葉や頭頂葉，後頭葉などで脳の糖代謝を示す血流量の低下がみられる。中期以降では記憶の障害がさらに進行し，日常生活上の障害の程度が増し，後期になると身体機能や運動機能も低下するため寝たきりの状態に移行する。

参考文献
・服部雅史・小島治幸・北神慎司（著），基礎から学ぶ認知心理学―人間の認識の不思議，有斐閣，2015．
・篠原彰一（著），心理学ライブラリ6 改訂版学習心理学への招待：学習・記憶のしくみを探る，サイエンス社，2008．
・河原純一郎・横澤一彦（著），シリーズ統合的認知第1巻　注意―選択と統合，勁草書房，2015．
・森敏明（編），認知心理学を語る〈1〉おもしろ記憶のラボラトリー，北大路書房，2001．
・村上郁也（編），イラストレクチャー認知神経科学―心理学と脳科学が解くこころの仕組み―，オーム社，2010．
・日本認知心理学会（編），認知心理学ハンドブック，有斐閣，2013．
・太田信夫（編），記憶の心理学と現代社会，有斐閣，2006．

第4章 言語・思考

　言語は人間に備わったコミュニケーションの道具であるが，生まれたばかりの乳児は当然ながら言語を身につけていない。その後，幼児期へと移行する1歳頃に発話が始まり，5歳頃には大人と対等な会話ができるようになるなど，人間は発達初期に言語を獲得し，それをコミュニケーションの道具として巧みに用いるようになる。言語にはこうした外言としての働きもあれば，内言すなわち思考の道具としての働きもある。自分が何かを考えているときの思考過程を内省すれば，そのほとんどが言語に依存していることに気づくだろう。幼児によくみられる独り言は，こうした思考の道具としての言語機能が発達する過渡期に表われる，発声を伴うかたちの内言であるとも考えられている。本章では，このように不可分な関係にある言語と思考に焦点を当てていく。

4.1節 言語

　言語は，以下の4つの側面から捉えることができる。

①話し言葉を聞いて理解し，呼吸器官や喉頭，構音器官（咽頭，舌，唇，鼻など発声に変化をつける器官）を駆使して音声言語を表出する「音声」

②音声や文字とそれが指し示す意味との結びつきである「語彙」

③語彙同士を一定のルールに沿って配列することで新たな意味を生み出す「文法」

④実際のコミュニケーション場面での言語活用に関わる「語用」

　本節ではこうした言語の諸側面が獲得される過程と，言語機能を司る生物学的基盤について説明する。

A. 音声からみた言語獲得

　英語を母国語とする人は，英単語のrockとlockの発音を聞き分けるのは

表4.1　初語が生じるまでの過程

月齢	内容	概要
0〜1	叫喚音（泣き声）	声道の共鳴が不十分な，曖昧な母音による発声
2〜3	クーイング	「クー」「グー」と喉の奥を鳴らす
4〜6	過渡期の喃語	「アーアーアー」のように，複数の音節で構成されるが，子音と母音の構造は不明瞭な発声
7〜10	基準喃語	「バーバーバー」のように，複数の音節で構成され，さらに子音と母音の構造をもつ発声
11〜12	非反復喃語	「ムバー」「パプー」のように，子音と母音の構造をもつ異なる音節を複数組み合わせた発声

さほど苦労しないであろう。だが，日本語を母国語とする人にとってはどちらも同じ発音に聞こえ，判別は容易ではない。この例が示すように，何を同じ言語音（音素）とみなすかは言語によって異なる。乳児は胎児期から乳児期にかけて周囲の人々が発する言語音にさらされることで，母語を構成する音素を自然と学んでいく。誕生後数か月の間は日本語圏であっても，乳児はrockとlockのように構音の異なる音を敏感に聞き分ける能力を備えている。だが，日本語の音素を習得するにつれてその判別は不必要なものとなり，誕生後10〜12か月頃には聞き分けることが困難となる。こうした変化は一方で，聴覚機能を母語の言語環境に合わせ，その後の母語の習得を効率的に進める働きもある。

　乳児が有意味な言葉を発するのはだいたい生後1歳を迎える頃だが，そこに至るまでにはいくつかの段階がある（**表4.1**）。まず，乳児がさまざまな音声を発することが可能となるには，発声器官の成熟を待たねばならない。というのも，生まれて間もない乳児は喉頭の位置が高く，音を共鳴させる咽頭部（舌の付け根部分）が成人に比べて狭いため，鼻にかかるような曖昧な母音しか発することができない。だが，生後2か月頃になると舌の可動域が増し，喉の奥を「クー」「グー」などと鳴らすクーイングがみられるようになる。4〜6か月頃には喉頭が下がり，咽頭部にある程度の空間ができるこ

　幼児期から児童期にかけてみられる発話の障害の一つに吃音障害（小児期発症流暢症ともいう）がある。発話時の不随意的な音節や語の一部の繰り返し（「あ，あ，あ，ありがとう」または「あり，あり，ありがとう」），引き延ばし（「あーーりがとう」），言葉の途切れ（「あり…」）を中核症状とし，円滑な発話に困難が伴う。以前は心因性の障害と考えられていたが，現在では否定され，発症には遺伝的要因の関与や，発話運動機能に関連する神経経路の機能不全が指摘されている。吃音障害の約4分の3は言語発達とともに自然に治癒するが，改善されないと発話場面の回避が習慣化し，社交不安障害（他者からの注目が集まる状況で強い不安や恐怖が生じる障害）を合併することも多い。また，発達障害（8章コラム参照）と合併しやすいことも指摘されている。2005年に施行された発達障害者支援法では発達障害の一つに位置づけられ，社会保障の対象にもなっている。治療には言語訓練と共に，吃音が生じやすい場面での緊張や予期不安の軽減をねらいとした系統的脱感作法（2章コラム参照）などが適用される。

とで，「アーアーアー」などの発声（過渡的喃語）が，さらに7～10か月頃には「バーバーバー」など，子音と母音の構造をもつ基準喃語が生じる。その後，種類の異なる音節を特徴とする非反復喃語を経て，「ママ（母親）」「ブーブー（車）」など，意味をもった発語（初語）が生じる。

B. 語彙からみた言語獲得

　初語に先んじて，「ごはん」や「おふろ」など，大人が使う言葉の理解は生後10か月頃から始まっている。そこから初語の出現を経て，1歳半頃までには30～50語程度の単語を発するようになる。ここまでの語彙の増加は比較的緩やかだが，個人差が大きいものの1歳半～2歳頃からは語彙爆発とよばれる急激な増加がみられる。ある語彙を獲得するためには，耳にした語とそれが指し示す対象との結びつきを理解しなくてはならず，言語を身につけたばかりの幼児にはそれは必ずしも容易ではない。だが，幼児に生得的に備わった3つの認知的制約（**表4.2**）が，幼児が初めて耳にした語から効率的にそれが示す対象を推測し，語彙を増やしていくのに役立っている。また，

表4.2 認知的制約とその概要

認知的制約	概要
事物全体制約	ある対象に与えられた語（「ブーブー」）は，その対象の部分（タイヤ）ではなく全体（自動車）を指す。
カテゴリー制約	ある対象に与えられた語（「ブーブー」）は，特定の対象（父親が所有する自動車）ではなく，その対象が属するカテゴリー全般（自動車）を指す。
相互排他性	ある対象（自動車）に与えられた語（「ブーブー」）は，別の対象（牛）には与えられない。

養育者を中心とする周囲の大人の視線や指さし，音声からその意図（何を指して話しているのか）を読み取る幼児の認知能力の発達もまた，語彙の獲得を下支えしている。

C. 文法からみた言語獲得

　乳幼児の発する言葉は，1歳頃の発話にみられる一語文（「ブーブー」）から，1歳半頃には語彙爆発に伴い二語文（「ブーブー　ハシル」）へと変化する。さらに，2歳半頃には三語以上の多語文（「ブーブー　アッチ　ハシル」）がみられ始める。発話内容が複雑になるにつれて，一定の規則に従って文を操る文法能力が必要となる。チョムスキーは，人間が生後わずか数年の間に言語を獲得できるのは，それを可能にする言語獲得装置が生得的に脳内に備わっているからであると考えた。彼によると，人間にはあらゆる言語に共通する普遍文法が生得的に備わっており，その働きによって個々の置かれた言語環境で耳にした発話や会話からその言語固有の文法を抽出し，文法体系に沿った文を産出できるようになる。その結果，言い間違いや文法上の誤りも含んだ雑多な（通常はそうであるが）言語環境であっても，文法的に正しい文を産出することができるという。これに対して，環境要因を強調するブルーナーは言語発達の初期に特徴的にみられる母子の言語的・非言語的相互作用に着目し，このやりとりが言語獲得を促進させているとして，これを言語獲得支援システムとよんだ。

「ゴハン」という語は白米を指すのはいうまでもないが，レストランでパンとの選択を求められた場面では，この語だけで「私はゴハンを選ぶ」という意味をもつ。また，学校から帰宅した子どもが親に言った言葉であるならば，「空腹なので夕飯の準備を急いでほしい」という意味をもつかもしれない。このように，発話はその文字通りの意味とは別に，前後の文脈や社会的状況に合わせてさまざまな意味をもつ。語用とは，このように文脈に応じて言語を理解・使用できる能力や知識のことを指す。

表4.3　日常のコミュニケーションの例

A	「例の仕事, 済んだ?」
B	「いや, まだだいぶかかりそう」
A	「今晩行けないね」
B	「途中から顔を出そうかな」

表4.3に示すのは，職場の同僚関係にあるAとBのやりとりである。この例のように，私たちは発話上多くの情報が省略されたやりとりであっても，意思の疎通ができている。それは，両者の間に暗黙裡に共有されている知識があり，それをもとに話し手は発話し，聞き手はその意味を推測しているからである。上の例での「例の仕事」や「今晩（の用事）」も，そのような暗黙の知識の一つである。

意思を伝達し合うコミュニケーションの芽生えは，実際には言語獲得以前の9か月頃にみられる。乳児はこの時期になると，母親の指さしや視線の方向に注意を向けたり，玩具を指さして母親の注意を促したりなど，他者と注意を共有できるようになる。これは，乳児のコミュニケーションが自分と相手（人，モノ）という二項関係から，自分－相手－対象という三項関係に移行したことを意味している（8章参照）。このような相手と意思の共有を図ろうとするコミュニケーションは，その後発達していく言語的コミュニケーションの前提となるものである。

語用障害

　自閉症（自閉スペクトラム症ともいう）児のコミュニケーションの特徴として
しばしば指摘されるのが語用障害である。彼らは発話の字義通りの意味は正しく
理解できる一方で，発話の文脈や状況も考慮した意味や，慣用句やユーモア，皮
肉，謙遜を理解するのが難しい。例えば，授業中居眠りで頭を傾けている学生に
「真剣に勉強しているね」と教師が話しかける場面を見たとき，その言葉の意図
（皮肉であること）を誤って理解してしまうかもしれない。このような語用障害
の背景として，話し手や聞き手の行動や言動の意図を推測する「心の理論」の障
害が指摘されている（8章参照）。心の理論は一般に，幼児期から児童期にかけ
て発達するが，自閉症児においてはその発達の遅れや欠如が指摘されている。

E. 言語の生物学的基盤

　言語機能を司る生物学的基盤（言語中枢）は，右利きの場合は大半が，左
利きの場合でも半分以上の人が左大脳半球に偏って存在している。前頭葉の
下前頭回に位置する**ブローカ野**は運動性言語中枢ともよばれ，言語を組み立
てて表出する役割を担っている。側頭葉の上側頭回後部に位置する**ウェルニ
ッケ野**は感覚性言語中枢とよばれ，言語の意味理解を担っている。それぞれ
が単独で言語の表出や理解を担っているわけではなく，両部位を結ぶ神経線
維の束である弓状束を通る経路や，ウェルニッケ野後方に位置する角回を媒
介する経路など，複数の部位がネットワークを構築し，言語機能を支えてい
る（**図4.1**）。

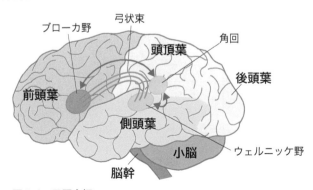

図4.1　言語中枢

コラム 失語症

　言語機能の障害は，声が出ない（発声），舌や口が自由に動かない（構音），聴覚の問題など，さまざまな要因から生じる。それらの症状の中には心因性失声や心因性難聴など，心理的要因によるものも認められるが，脳梗塞や脳出血，頭部外傷などの器質的要因によって言語中枢を損傷することで生じるものを失語症とよぶ。失語症にはさまざまな分類方法があるが，発話の流暢性（スムーズに話せるか），聴覚的理解（聞いた内容を理解できるか），復唱（言われた言葉を繰り返すことができるか）から分類されることが多い（表）。

　ブローカ失語は最も割合が高いタイプで，発話量の減少や発話速度の低下があり，滑らかな発話が困難となる。一方，聴覚的理解は単語レベルであれば比較的保たれている。

　ウェルニッケ失語は，発話自体は流暢だが，多弁で錯語（誤って別の語を発する）・新造語（母語にない意味の不明な語を発する）が目立ち，意味のある言語表出が困難となる。理解は単語レベルであっても困難がみられる。

　伝導失語は，流暢性はある程度保たれるが，軽度の錯語がみられる。理解もある程度は保持されるが，短期記憶障害のために長文の理解は困難である。

　失名詞失語は，理解や復唱は保たれるが，発話時に単語が思い出せないことが多く，回りくどい表現になりやすい。

　超皮質性失語には3つのタイプがあるが，いずれも復唱が保たれている点が特徴である。超皮質性運動失語は発話量の減少や発話開始困難など流暢性の低下が，超皮質性感覚失語は語の意味理解の困難が認められる。超皮質性混合失語は，重度の発話と聴覚的理解の障害が特徴である。

　全失語は失語症の中で最も重度のタイプであり，発話と理解，復唱のすべてに困難を認める。

表　失語症の分類

失語のタイプ	発話の流暢性	聴覚的理解	復唱
ブローカ失語	×	○	×
ウェルニッケ失語	○	×	×
伝導失語	○	○	×
失名詞失語	○	○	○
超皮質性運動失語	×	○	○
超皮質性感覚失語	○	×	○
超皮質性混合失語	×	×	○
全失語	×	×	×

　私たちは普段，自分が何かを考えているということを意識することはあまりない。しかし，人は常に思考しながら生きている。人間は複雑な思考を行うことができる。その思考を用いて，さらには思考を伝達する能力を手にしたことでここまでの進化を遂げることができた。思考には「人間の思考とは一体何なのか」のように文章で表されるものと，心に描かれるような視覚的なイメージ（心像）で表されるものがある。文章で表される思考では，「人間」や「思考」など個々の概念とよばれるものが一定の方法によって結び付けられている。また，「犬」と言われれば人は自分の知っている犬の姿をイメージとして思い浮かべるだろう。

A. 概念とカテゴリー

i）概念とは何か

　概念とは，ある特定クラスに対応づけられる属性の集合のことである。例えば，私たちにとって親も，友人も，街ですれ違う人も「人間」という概念でよぶことができる。隣にいる友人を「人間」だと思えるのは，自分が「人間」という概念をもっていることを意味している。概念は現実世界を映し出すものであり，概念を他者に伝えるために概念を言語に移し変え（言語化），概念の意味が形成される。ある物事に共通する性質を基に一般化して理解しようとするとき，概念は非常に便利なものである。

ii）カテゴリー化

　ある対象を特定の概念に対応づけることをカテゴリー化という。例えば，今朝偶然見かけた犬は初めて見かけた犬だとしても，私たちは（犬種は違えど）それが「犬」だと判断することができる。世の中にはさまざまな犬が存在するとしても，私たちは「犬」というカテゴリーで多様な犬を犬として理解できる。犬と猫はさらに「動物」という上位の概念で結びつけることもできる。

　カテゴリー内の個々の対象のことを事例とよび，カテゴリーの中心とな

るような最も典型的な事例のことをプロトタイプという。例えば、「鳥」という概念では、羽がある、空を飛ぶ、さえずるなどの属性が思い浮かぶ。心の中に自分が鳥だと思うイメージも浮かぶだろう。このように、プロトタイプとはある概念のことを思い浮かべたとき、心に思い浮かびやすいものを指す。プロトタイプに当てはまらない事例も存在する。例えば、ペンギンやダチョウも鳥だが、先のプロトタイプには当てはまらない。プロトタイプがもつ鳥に関する属性はある事例に対して顕著に見られる特徴を示すが、決定的な識別要因にはならない。

B. 推論

人間には論理的に物事を考える力が備わっている。例えば、「最近、友人Aの態度がそっけない…なぜだろう」と頭を悩ませている場合、私たちは身の回りの情報をもとにあれやこれやと可能性を検討する。このように、いくつかの手がかりに基づいて何らかの結論を導き出そうとすることを推論という。推論には、結論の導き方によって以下の二つが存在する。

i）帰納的推論

個々の事例から普遍的な知識（物事の原因や法則など）を導き出そうとする推論を帰納的推論という。私たちはこの推論を用いて知識を拡張させることができる。また、過去や現在の行動の観察に基づいて情報を一般化することで、未来の行動を推測することもできる（「これまでは〜だった、だからこの先は〜になるかもしれない」）。人間が現在に至るまで科学技術を発展させることができたのは、自然界に存在する多くの事例を観察し、その中から普遍的な法則を見出してきたためである。

一方、帰納的推論は過度な一般化を導き出してしまうこともある。例えば、「一昨日も昨日も嫌なことが起きた。だから私の未来はこれからも嫌なことが続く」と考えることは、たった二日間の出来事だけで自分の未来を一般化しており、強引である。これは十分な情報を集めずに普遍的な法則を導き出そうとする推論の誤りである。とはいえ、反例となる事例が存在しないかどうかをすべて調べることは通常不可能である。このため、帰

表4.4　帰納的推論を阻害する要因

確証 バイアス	人には自分が立てた仮説や考えを確認するような証拠ばかりを集めようとする傾向がある。このため，自分の立てた仮説を反証するよりも確証することが優先されやすくなる。自分にとって都合のいい結論が導き出されやすくなり，正しい仮説の発見が遅れる。
直観的 確率判断	自分の仮説の正しさに関して直観的な確率判断を用いるため，基礎確率が無視されやすい。直観的に結論を導き出そうとすると自分の仮説を優先し，本来検討すべき情報を無視しやすい。例えば，95％の正確さをもつがん検診で「がんの疑いあり」という結果を受けると，自分は95％がんであると思いこむ。
素朴理論 （素人理論）	科学的な根拠に基づかない，自分で観察して経験したことに関する知識体系のこと。素朴理論は人の日常生活に深く根差しており，修正が難しい「思い込み」が形成されている。思い込みは推論プロセスを阻害する。

納的推論は常に正しく行われるとは限らない（**表4.4**）。帰納的に有力であるかどうかは，前提が真実であるかどうかではなく確率の問題であり，帰納的推論は確率論に基づいて説明される。

　また，人はカテゴリーに基づく帰納（ある特定のカテゴリーに関する知識をもつことによって，それに基づく帰納的推論を行うこと）をしている。よく用いられる例に，「スズメには種子骨（手足の関節付近の靭帯や腱の中にみられる小さい骨）がある（前提），だからすべての鳥類には種子骨がある（結論）」というものがある。スズメは「鳥類」の下位カテゴリーであり，鳥類は「スズメ」の上位カテゴリーである。下位カテゴリーから上位カテゴリーに対して帰納を行うものを一般帰納，同じ階層にあるカテゴリー間での帰納（「ツバメとタカには種子骨がある，だからスズメにも種子骨がある」）を特殊帰納という。帰納的推論で前提から結論を導き出そうとする場合，前提や結論の特徴に応じて結論の確証度（もっともらしさ）が変わりうる（**表4.5**）。

表4.5　カテゴリーに基づく帰納

一般帰納	
現象1：前提の典型性	前提のカテゴリーが典型的なほど確証度は高くなる
現象2：前提の多様性	前提のカテゴリーが多様であるほど確証度は高くなる
現象3：前提の単調増加性	前提の数が多いほど確証度は高くなる
現象4：結論の特殊性	結論のカテゴリーが特殊であるほど確証度が高くなる
特殊機能	
現象5：前提と結論の類似性	前提と結論のカテゴリーが類似するほど確証度は高くなる
現象6：前提の多様性	前提のカテゴリーが多様であるほど確証度は高くなる
現象7：前提の単調増加性	前提の数が多いほど確証度は高くなる
現象8：前提ー結論の非対称性	前提と結論を入れ替えると確証度が変わる

ii）演繹的推論

　演繹的推論とは，複数の前提から結論を導き出すことである。帰納的推論とは異なり，演繹的推論では普遍的な知識から個別の事例を導き出す推論を指す。この推論では，前提が正しければ論理的に必ず正しい結論が導かれる。一方，帰納的推論では前提が正しくとも結論の正しさは論理的に保証されない。人間が行う仮説検証には帰納的推論だけでなく，演繹的推論も重要な役割を果たしている。演繹的推論の例として三段論法がある（図4.2）。三段論法では，二つの前提と一つの結論から構成され，結論が正しいかどうかは二つの前提に従う。

　実際には，私たちの日々の生活状況はさらに複雑であり，多様な前提が

A	B
前提1　すべてのAはBである。 前提2　すべてのBはCである。 結論　　すべてのAはCである。	前提1　女性は論理的な思考が苦手だ。 前提2　数学には論理的な思考が必要だ。 結論　　女性には優れた数学者はいない。

図4.2　演繹的推論の例：三段論法

ある中で私たちは一つの結論を導き出さなくてはならない。前提の数が増えるほど私たちの思考は複雑になり，結論を導くまでに多くの時間を要することになり，推論の誤りも増える。また，演繹的推論を歪ませる要因も存在する。そもそも，演繹的推論は前提や結論が現実に照らし合わせて正しいかどうかを問題にしていない。なぜなら，演繹的推論では「前提から論理的に妥当な結論が導出されているか」という点を問題とするためである。図4.2のBは演繹的推論として誤りはないが，偏見で歪められていることはすぐにわかるだろう（この言説は世界中で知られる思い込みの一つである）。あくまで論理的には妥当な図4.2のBが誤りであることを示すには，二つの前提が誤りであることを論証する必要がある。このように，演繹的推論では人間が抱く信念（年齢，性別，職業などに対する能力・特徴に関する考えや知識）や期待（こうであってほしいという思い），そして感情（好悪）の影響を受けやすいことが知られている。

　人は示される結論がもっともらしいと，その結論に至るまでの推論が妥当であると思いやすくなる。まずはこれ以降で説明される答えを見ずに，**図4.3**の課題に取り組んでみてほしい。

　この課題では，仮説を支持する証拠だけを探そうとしてカードのEを選び，さらに仮説が正しいことを確認するためカードの4を選択する人が最

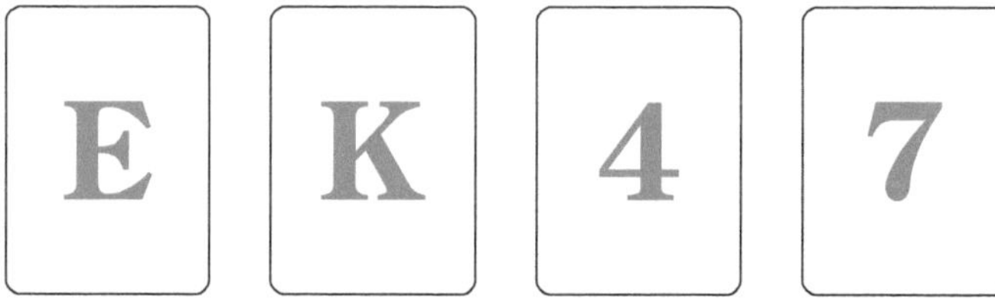

> Q　一方の面に数字が書かれ，別の面にアルファベットが書かれたカードが4枚ある。「もし，あるカードの片面に母音が書かれていたら，その裏には偶数が書かれてある」という仮説を証明するためには，どのカードを裏返す必要があるか？
>
> 　選択肢　1. E　　2. Eと4　　3. Eと7　　4. Eと4と7

図4.3　ウェイソンによるカード選択課題（Wason, 1966）

表4.6　雰囲気効果による選択されやすい結論の傾向

1	二つの前提がどちらも全称命題（例：すべてのAはBである）であれば，全称命題の結論が選ばれやすく，二つの前提がどちらも特殊命題（例：あるCはDである）であれば，特殊命題の結論が選ばれやすい。
2	二つの前提のうち，一方が全称命題で他方が特殊命題であれば，特殊命題の結論が選ばれやすい（「すべての人間」よりも「ある人間」と限定した方が，結論の確証度が高く感じられるため）。
3	二つの前提がどちらも肯定文であれば肯定文の結論が，二つの前提がどちらも否定文であれば否定文の結論が選ばれやすい。
4	二つの前提のうち，一方が肯定文で他方が否定文であれば，否定文の結論が選ばれやすい。

も多かった（なお，図4.3の答えは「3．Eと7」である）。課題が抽象的なものとして出された場合，人は推論の誤りを犯しやすくなる。また，前提や結論の言語表現が醸し出す雰囲気によっても推論は歪められる（雰囲気効果）こともある（**表4.6**）。

　人は困難に直面したとき，思考を巡らせてその困難をどうすれば解決できるか考える。心理学では，問題となる状況において動物や人はどのように行動するのかについて明らかにしてきた。

i）試行錯誤と洞察

　ソーンダイクは，細工を施した箱の中にネコを入れて，ネコの行動を観察した。箱の中にはヒモやレバーが用意されていて，ある特定の行動（ヒモを引く，レバーを押すなど）をすれば箱の扉が開く仕掛けになっていた。ネコは箱の中を動き回る中で，偶然に箱の扉を開けるための特定の行動をして箱から出る。箱から出たら再度ネコを箱に戻し，また偶然に箱から出られるといったことを繰り返す。これらを繰り返すうちに，ネコは箱に入れられるとすぐに扉を開くための特定の行動を取るようになる。このよう

に，問題解決のために正解を知らない状態からさまざまな行動を試し（試行），失敗を重ね（錯誤），それらの積み重ねによって問題の解決に至ろうとすることを試行錯誤という。ソーンダイクはこの観察を通して，ある状況Aで行動Bが何度も行われると，次に状況Aと同じような状況Cに遭遇したときにも行動Bが取られやすくなること（練習の法則），そして行動Bが問題解決に役立つと理解されると行動Bはより生起しやすくなること（効果の法則）を見出した。練習の法則では試行錯誤による時間を要するが，効果の法則によって問題解決に要する時間は短くなる。

また，ケーラーはチンパンジーがどのように問題を解決するかを明らかにした。チンパンジーの手の届かない位置にバナナを用意し，棒や木箱などの道具を周囲に置き，チンパンジーがどのようにバナナを手に入れるかを観察した。最初は試行錯誤する様子がみられるが，あるときひらめきを得たように瞬間的に道具を使ってバナナを手に入れることに成功した。ケーラーはこの結果をチンパンジーが洞察（問題となっている状況に存在する個々の要素の結びつきから，全体を把握すること）によって問題を解決したと解釈した。チンパンジーは何もせずに突然バナナを手に入れたわけではない。試行錯誤も洞察も問題解決には重要な要素であり，人間の思考や問題解決にも双方が用いられている。また，人間は問題解決の能力を備えて生まれてくるわけではない。問題解決の能力を備えるためには，認知の発達が不可欠である（8章参照）。

ii）問題解決の方法

人間の問題解決には5段階のプロセスがあると考えられている（**表4.7**）。そして人が問題解決をするための方法は，アルゴリズムとヒューリスティックの二つに分けることができる。

アルゴリズムは問題解決のための一連の規則的な手続きのことであり，正しく適用されれば必ず正解に達することができる。例えば，コンピューターの演算装置や数学の解の公式を解く手続き，計算手順はアルゴリズムに該当する。

人の経験則や勘に基づく判断はヒューリスティック（必ず正解にたどり

表4.7　問題解決プロセス（デューイによって導き出されたプロセス）

1. 問題への直面
   個人が問題とする状況に遭遇する（問題は本人にとって切実な問題である必要がある）。
2. 問題点の把握
   自分にとって何が問題となっているかのポイントを明らかにする（困っていることは何か？　問題として実際に起こっていることは何か？）。
3. 解決法の着想
   何をすれば問題が解決されそうかについて，アイデアを出す。
4. 解決法の検討
   行動を起こす前に3で出されたアイデアの有効性を検討する。
   アイデアのメリットとデメリットを比較する。
5. 解決法の選択
   アイデアの中から最善と考えられる方法を選択し，試す。
   その結果に基づいて解決法を再考する。

着けるわけではないが，多くの場合で正解が得られ簡単に利用可能な手段）に該当する。合理的なヒューリスティックであれば，アルゴリズムよりも時間を短縮して回答にたどり着くことができる（**表4.8**）。実際には，人の思考や判断，意思決定時にはアルゴリズムによる処理とヒューリスティックによる処理が状況に応じて柔軟に使い分けられている。ヒューリスティックは常に信頼できるとは限らない。用いるヒューリスティックによって推論が歪んだり，考えの偏った意思決定へと至る原因を作りかねない。人は問題解決の際にヒューリスティックを用いることで，認知的な資源を節約することができる。そのため，時間をかけることなく複雑な課題をより扱いやすいものへと変換できるようになる。一方で人は物事を考えるとき，頭の中でもっともらしいストーリーを作り上げ，主観的な確率を材料に判断や意思決定を行っているともいえる。

　例えば，コイントスをして5回続けて表が出る配列（表・表・表・表・表）と表裏がバラバラの配列（裏・表・表・裏・表）はどちらが出やすいと思うだろうか。多くの人はおそらく，コイントスの表か裏になる確率は半々であるため，続けて表が出るよりはランダムな結果になった方がより起こりやすいと判断するだろう。しかし，いずれの配列も確率的には同じ

表4.8　さまざまなヒューリスティック

- **因果性ヒューリスティック**
  ある状況が起こる可能性を，その状況をもたらす原因との因果関係の結びつきの強さによって推定する。
- **利用可能性ヒューリスティック**
  判断時に頭に浮かびやすいもの，目立ちやすいもの，頻繁に接するものを選択しやすくなる（判断材料として，自分の経験や記憶にアクセスしやすいために生じる）。
- **代表性ヒューリスティック**
  ある事象がどのカテゴリーに属しているかを，その事象がカテゴリーの代表的・典型的特徴に類似しているかどうかで判断する。根拠がなくても，ある個別的な事例から推論しようとする。
- **シミュレーション・ヒューリスティック**
  自分の心の中でシミュレーションできる程度に応じて，判断や印象が形成される。
- **調整と係留ヒューリスティック**
  ある事象を推定する際，何らかの推定値を初期値に設定してそれを係留点として別の事象の判断を行う。初期値が低すぎるとある事象の推定値はそれより高くなり，初期値が高すぎると推定値は低くなりやすい。
- **高速・倹約ヒューリスティック**
  人は再認（見た・聞いたことがある）できるものに高い価値を見出しやすい。二者択一の問題（AかB）に対して，見たことがあるAの方が見たことがないBよりも選ばれやすくなる。

である。なお，表か裏か当てる賭けの場面では5回続けて表が出た配列が起きた際，「次こそ裏になるだろう」と考えることをギャンブラーの錯誤という。

iii）創造的思考

　人の身に降りかかる問題は実に多様であり，今まで経験したこともない新たな問題に直面することも少なくない。この場合，創造的な思考力が求められる。ワラスは過去に創造的な業績を残した天才たちの思考過程を分析し，人の創造的な思考に共通のプロセスがあることを見出した（**表4.9**）。問題解決に向けて没頭した後，解決とはあまり関係のない活動に取り組んだ後にひらめきが生まれることを孵化効果という。優れたアイデアは問題への没頭状態から解き放たれたときにやってくるといえるかもし

表4.9　創造的思考のプロセス

第一段階：準備の段階
　過去の経験，すでに習得している知識，技能を総動員して問題解決に没頭する。何度も失敗を繰り返す時期。

第二段階：あたための段階
　問題解決を一時あきらめ，散歩や休息など問題解決とは関係のない活動に身を置く。無意識的には問題解決のための創造的なアイデアを温めている。

第三段階：ひらめきの段階
　一瞬のひらめきによって問題解決方法が創造される。強い確信とこれまでの苦労が報われた深い感動を伴って突然現れる。

第四段階：検証の段階
　捻出された解決のためのアイデアをさまざまな角度から吟味，検討する。アイデアが正しいことを検証する。

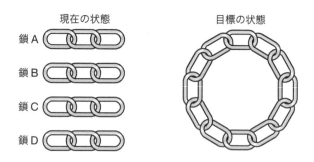

現在の状態　　　　　目標の状態

鎖A　　鎖B　　鎖C　　鎖D

　Q　手元に4つの鎖（三つの金の輪が繋がっている）がある。これらをつなぎ合わせて，「目標の状態」となるように1つのネックレスを作りなさい。1個の金の輪を開くのに2セント，閉じるのには3セントかかる。
　ただし，お金は15セントしか使えない。どうすればいいか？

図4.4　ネックレス課題（Wickelgren, 1974）

れない。**図4.4**の課題をみてほしい。シルヴェイラはこの課題を用いて実験を行い，実験参加者を三つのグループ（①30分間課題に取り組み続けるグループ，②課題に30分取り組むが途中で30分の休憩を挟んだグループ，③課題に30分取り組むが，途中で4時間の休憩を挟んだグループ）に分けた。この結果，最も正解率が高かったのは③のグループ，次いで②

のグループだった。

　人の普段の思考パターンは創造的思考を妨げる。人の思考には大きく収束的思考（一つの正解へと思考を集中させる）と拡散的思考（正解が一つでない問題に対して多方向に思考を拡散させる）の二つがある。数学の問題を解くには収束的思考が役立ち，例えば「店の利益を上げるためにできることをたくさん挙げる」といったように正解が無数にある課題に対しては拡散的思考が役立つ。学校教育では，いち早く正解にたどり着くように収束的思考を磨くことが重視されがちであり，また普段の生活でも拡散的思考よりも収束的思考が働きやすい。収束的思考が仇となり，必要なときに拡散的思考が働きにくくなる。また，思い込みや固定観念にとらわれてしまうことで収束的思考が働きやすくなり，拡散的思考を抑制してしまうことになる。

D. 思考の生物学的基盤

　思考に関与する脳領域は広範に及ぶ。ここでは人間の論理的思考，特に推論や問題解決に関与すると考えられている脳領域について紹介する。推論や問題解決と関連が深いのは前頭前野（**図4.5**）であると考えられている。前頭前野は人間のより高次の行動の制御に関与する非常に重要な領域であり，前頭前野のどの領域の損傷によっても臨機応変な行動ができなくなることが知られている。演繹的推論はこれまで右大脳半球の広範にわたる部位の活性化と関連づけられてきたが，特に右前頭葉下部の活動と深い関連性が報告されている。一方，帰納的推論時には左大脳半球の前頭野の活性化がみられることが報告されている。右前頭葉下部が強く賦活する人ほど，推論に関する課題の成績が良好であることから，論理的な推論を行うためには右半球の前頭葉下部が重要な役割を果たすことも示唆されている。また最近の研究では，危険を伴うような意思決定と眼窩前頭皮質との関係も注目されている。眼窩前頭皮質に損傷がみられる人は長期的な結果を無視して目先の満足を求めやすくなる様子が観察されている。

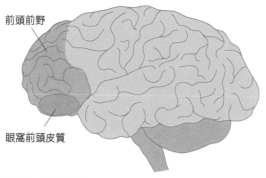

前頭前野

眼窩前頭皮質

図4.5　前頭前野

コラム　思考の障害

　思考は一つの事柄から次の事柄へと筋道が立つように連続的で，かつまとまりのある形をもって流れる。人が論理的に物事を考えたり，問題解決を図ろうとするときに必要な人間の精神活動の一つである。思考の異常は思考過程の異常，思考内容の異常，そして思考体験の異常に分けられる。思考過程の障害は思考が目標に向かって滑らかに流れない状態を指す（**表**）。

表　思考過程の異常

器質性の障害にみられる思考過程の異常
・迂遠：細部にこだわり詳しく説明するため，まわりくどい
・保続：一つの限られた事柄に執着し，同じことばかり考え続ける
統合失調症にみられる思考過程の異常
・思考途絶：話しているうちに考えが急に途切れ，話が止まる
・連合弛緩：思考を構成する観念の間の関連性が弱くなる（思考のまとまりが失われ，話の内容が理解不能な思考を滅裂思考という）
・言語新作：自分で勝手に新しい語を作り出し，勝手に意味を与えて使用する
気分障害にみられる思考過程の異常
・観念奔逸：次から次へと考えが頭の中に浮かび，勢いよく流れ出す
・思考制止：思考の進みが遅くなり，思考が先に進まず滞ってしまう

　思考内容の異常として代表的なものは妄想である。妄想とは，誤った考えや意味づけに異常な確信をもち，訂正できないことを指し，単なる誤解や迷信とは異

なる。妄想は一次妄想（何の脈絡もなく妄想が発生するもので了解不能なもの）と二次妄想（状況や感情，性格の反応として妄想の発生が了解可能なもの）に分類される。一次妄想は，何かよくないことが起きていると確信する妄想気分，正常に知覚した内容に対して主観的に自分と関連づけて確固たる意味づけがなされる妄想知覚（例：通りすがりの男性を見て，自分は殺されると思う），そして突然現れる非合理的な確信（例：自分は世界の救世主だと信じ込む）である妄想着想で構成される。妄想の内容は①被害的な内容（自分が迫害されたり追跡されていると確信する被害妄想，人に見られていると確信する注察妄想，毒をもられて殺されると確信する被毒妄想，パートナーが浮気していると確信する嫉妬妄想など），②誇大的な内容（自分は全知全能の存在であると確信する誇大妄想，自分が高貴な家系と確信する血統妄想，他者が自分を愛していると確信する恋愛妄想など），そして③微小的な内容（自分は無価値な人間だと確信する微小妄想，大変な罪を犯したと確信する罪業妄想，重病になったと確信する心気妄想など）に分けられる。

　そして思考体験の異常は，自分で思考を制御できなくなった状態を指す。そのうち，制御は困難だがその体験が自分のものであると自覚できるものには，強迫（自分の意志に反して出現し，頭から離れない），支配観念（ある思考が強い感情を伴い意識に固着する）などが挙げられる。一方，体験が自分のものだと自覚できないものには，作為思考（自分の考えは他者に支配されていると感じる），考想吹入（考えが他者に押し込まれると感じる），考想奪取（考えが他者にひっぱり出される），そして考想伝播（自分の考えが外に伝わっていると感じる）がある。

引用文献
・Wason, P. C., Reasoning. In B. Foss (Ed.), New horizons in psychology, Penguin Books Ltd., 135-151, 1966.
・Wickelgren W. A., How to solve problems. Figure 4.5, W. H. Freeman and Company, 1974.

参考文献
・藤野博（編著），シリーズ支援のための発達心理学　コミュニケーション発達の理論と支援，金子書房，2018.
・服部雅史・小島治幸・北神慎司（著），基礎から学ぶ認知心理学―人間の認識の不思議，有斐閣，2015.
・楠見孝（編），公認心理師の基礎と実践8　学習・言語心理学，遠見書房，2019.
・市川伸一（編），認知心理学〈4〉思考，東京大学出版会，1996.

・市川伸一（編）, 考えることの科学―推論の認知心理学への招待, 北大路書房, 2001.
・今井むつみ（著）, ことばの発達の謎を解く, ちくま書房, 2013.
・岩田誠（著）, 臨床医が語る脳とコトバのはなし, 日本評論社, 2018.
・森俊明（編）, 認知心理学を語る〈3〉おもしろ思考のラボラトリー, 北大路書房, 2001.
・村上郁也（編）, イラストレクチャー認知神経科学―心理学と脳科学が解くこころの仕組み―, オーム社, 2010.
・中島定彦（著）, 学習と言語の心理学, 昭和堂, 2020.
・日本認知心理学会（編）, 認知心理学ハンドブック, 有斐閣, 2013.
・大津由紀雄（編）, 認知心理学〈3〉言語, 東京大学出版会, 1995.

第5章　感情・動機づけ

5.1節 感情

A. 感情とは？

　私たちは，自分や他者，あるいは周囲の出来事に対してさまざまな感情を抱いて生活している。例えば，「喜び」，「悲しみ」，「怒り」，「恐怖」，「愛」，「嫉妬」，「尊敬」などもその一つである。また，私たちが抱く感情は，身体あるいは生理的な反応と密接な関係がある。例えば，大切な物をなくしたときは「悲しみ」が沸き起こり，涙が溢れることもあるが，それが見つかったときは「喜び」に包まれ，身体が温まることや胸が高鳴るなどの経験をすることがあるだろう。また，大地震が起こった際は「恐怖」を感じ，表情が強張ったり，心拍数が増加したり，ときには手足が震え出すなどを経験することもある。

　感情の定義や考え方は研究者や分野によって異なるが，大きく分けると，身体あるいは生理的な変化を伴い数秒から数分の間生じる原始的で一過性の強力な感情と，長時間にわたってゆるやかに生じる感情の二つに分けることができる。前者は情動，後者は気分とよばれる。本節では，これらを総称して感情と定義し，身体あるいは生理的反応からみた現象について説明する際は一部情動という言葉を用いる。

B. 感情の種類

　ピクサー映画『インサイド・ヘッド』には，「ヨロコビ」，「カナシミ」，「イカリ」，「ムカムカ」，「ビビリ」という5種類の感情が登場するが，感情の数や種類については諸説ある。例えば，感情の分類としては，プルチックの3次元モデルが有名である。プルチックは，さまざまな感情を性質が類似したものを隣に置き，対照的なものを対立した位置に置いて8つの基本感情で構成される円環状の輪を作った。そして，日常で生じる感情を応用感情と

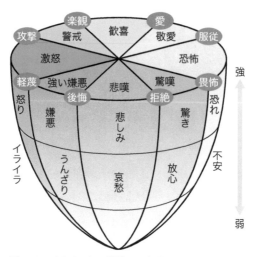

図5.1　プルチックの情動の3次元モデル

してこの8つの基本感情を組み合わせることで説明した。例えば，「歓喜」と「敬愛」の混合が「愛」，「驚嘆」と「悲嘆」の混合が「拒絶」とした。また，対極したものは「葛藤」状態になるとした。さらに，強弱という縦方向の次元を想定し，逆円錐状の3次元モデルを提唱した（**図5.1**）。

C. 感情生起のメカニズムに関する諸理論

　アメリカ心理学の父とよばれるジェームズは，1884年に「情動とは何か？」と題した論文を発表したが，140年近く経った今でもその問いに対する定説はまだない。顔の表情，身体あるいは生理的な反応，脳の活動などに関する多様な研究結果が集積されているが，感情に関する一貫した特定の様相はまだ明らかにされていない。しかし，感情の起源についてこれまでどのような理論が展開されてきたのかを知ることは感情を理解する上で重要となる。ここでは，代表的な感情の理論を6つ紹介する。

i）ジェームズ・ランゲ説（情動の末梢起源説）

　ジェームズは上述した論文の中で，「悲しいから泣く」のではなく「泣くから悲しくなる」，「怖いから震える」のではなく「震えるから怖い」の

であると主張した。つまり，身体的な反応が先に起こり，それを知覚することで情動体験が生じるとした。具体的にいうと，身体各部の受容器から入力された刺激情報が大脳皮質へ送られ（①），それが内臓や骨格筋に伝わって身体的な反応（末梢神経系反応）が起こり（②），その変化を感じて（③，④）情動が生起する（⑤）とした（**図5.2**）。例えば，講堂でプレゼンテーションをする際，緊張しているとは思っていなかったが，マイクを持つ自分の手が震えていることに気づいた途端に，緊張や焦りを感じたなどといった体験を想像してほしい。このジェームズの発表の翌年に，ランゲは血管系の運動を知覚したものが情動であると主張した。ジェームズは骨格筋と内臓の反応に着目し，ランゲは血管循環に着目した点で異なるものの，刺激に対して生じる身体反応が脳に伝わって情動体験が起こるという点で類似しており，ジェームズが後に自身でジェームズ・ランゲ説とよんで広く知られるようになった。本仮説はさまざまな反論があるものの，近年では後述する顔面フィードバック仮説やソマティック・マーカー仮説などとの類似点が見出されており，淘汰されずに残り続けている。

ii）キャノン・バード説（情動の中枢起源説）

　キャノンは，情動の生起には身体的な反応（泣く，震えるなど）は不要であると主張し，ジェームズ・ランゲ説に反論した。例えば，異なった情動体験でも同じ身体的な反応が生じること（悲しいときも嬉しいときも涙が出る），ジェームズ・ランゲ説で情動体験の源とされている末梢神経系を切除した人でも情動を体験すること，身体的な反応を人工的に起こしても情動体験が生じないことなどが反論として挙げられた。そしてキャノンは，情動体験は脳に伝えられる身体反応の情報から生起するのではなく，脳中枢における刺激情報の評価の結果生じるものであると唱えた。具体的にいうと，身体各部の受容器から入力された刺激情報が視床（視床下部）を経由して（①）大脳皮質へ送られ（②），その情報が生体にとって有意味と判断されれば視床が興奮し（③），さらにその興奮が大脳皮質で知覚された結果（④）情動体験が生じる（⑤）とした。また，同時に視床の興奮は内臓や骨格筋に伝わって（④）身体的な反応（抹消神経系反応）が起こると

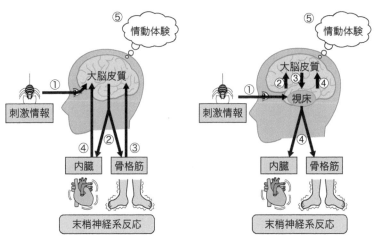

図5.2　情動の末梢起源説　　　　図5.3　情動の中枢起源説

主張した（**図5.3**）。この仮説は，バードの「情動体験が生じる場所は視床下部である」という主張とともに，キャノン・バード説とよばれている。

iii）シャクター・シンガー説（情動二要因説）と認知的評価理論

　シャクターとシンガーは，情動体験とは，身体的な反応を個人がどのように認知して意味づけをするかによって決まると考え，情動二要因説を提唱した。実験例としては，吊り橋効果が有名である。これは高所にある吊り橋を渡る際に生じる心拍数の増加（胸の高鳴り）などの身体的な反応を，吊り橋を渡る際に知り合った異性に対する恋愛感情だと誤って解釈してしまうという現象である（**図5.4**）。生理的な覚醒状態（心拍数の増加）に対する原因の帰属の結果（原因をどのように解釈・理解するか）によって，異なる情動が生じうることを示している。

　一方，情動は生理的反応に対する認知的評価だけで生起するとは限らない。状況に対する認知的評価が行われることによって情動体験と生理的反応が生起されることも多い。アーノルドは，情動の第一段階は状況の評価であり，その評価に続いて情動体験や生理的反応が引き起こされる，という情動の認知的評価理論を提唱した。

図5.4　吊り橋実験

iv）顔面フィードバック仮説

　顔面フィードバック仮説は，顔面筋肉の変化が情動体験に先立つとする考えである。例えば，「怒り」の情動が喚起される場合，「怒り」の情動と対応する顔面筋肉が変化した情報が脳中枢に送られ，その結果「怒り」の情動体験が生じるとされる。実験例としては，ストラックらのペンテクニックを用いたものが有名である。彼らは，ペンを歯でくわえる条件（笑顔が作れる）とペンを唇でくわえる条件に分けて色々な漫画を読んでもらい，その漫画がどれくらい面白いかを尋ねた結果，笑顔を作った条件の方が漫画をより面白いと評価することを示した。これは，笑顔を作ると楽しい気分が沸き，怪訝な表情をしていると不快な気分が沸いてくることを意味する。

v）ソマティック・マーカー仮説

　ソマティックとは身体という意味である。ダマシオは，ある状況に直面したときに生じる身体反応と，脳にフィードバックされるその身体反応の信号（ソマティック・マーカー）を合わせて情動とよんだ。そして，外部の刺激によって生じる身体反応の信号が人の意思決定を効率化しているというソマティック・マーカー仮説を提唱した。この仮説は，身体反応の信号を情動の源と考えることから，現代のジェームズ・ランゲ説ともいわれ

ている。ダマシオは，前頭前野腹内側部を損傷した患者は，知能に障害は
ないにもかかわらず，適切な意思決定や行動ができないことを発見した。
彼らは，ギャンブル課題（選択したカードに応じて報酬あるいは罰金が課
されるゲームを模した課題）を使った実験を行い，健常者はリスクが高い
選択をするときに強い皮膚伝導反応（身体反応）が生じるが，前頭前野腹
内側部を損傷した患者は皮膚伝導反応が低い状態で維持され，一貫してリ
スクが高い選択を続ける傾向にあることを示した。これは，前頭前野腹内
側部を損傷した患者はリスクが高い状況下でも情動が生起されず，適切な
意思決定ができないことを意味している。この実験から，活性化した交感
神経系の活動（皮膚伝導反応など）が脳にフィードバックされることで適
切な意思決定が行われると提唱した。

vi）パペッツの情動回路

　パペッツは，脳の特定の神経回路（海馬→脳弓→視床下部→視床前核→
帯状回→海馬）を情報が持続的に通う中で，それが情動的な色彩を帯びる
と考えた（**図5.5**）。この回路は記憶に関与することでも知られている。

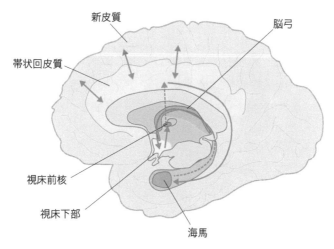

図5.5　パペッツ回路
（参考：M.F. ベアーら（2007））

D. 感情が認知に与える影響

　感情と認知との関連が注目されるようになった契機の一つは，うつ病（10章コラム参照）患者の記憶に関する研究の発展が挙げられる。例えば，うつ病に罹患すると記憶力が低下することが多いが，実際に記憶力が落ちるのか，あるいは情報処理過程の一部の機能などによってそのように見えるだけなのかについて議論されてきた。そして，うつ病患者の記憶を説明する現象の一つとして気分一致効果が提唱された。これは，特定の気分が生じると，その気分と同じ方向（ポジティブあるいはネガティブ）の記憶が想起されやすくなる現象のことである。例えば，仕事で大きな失敗をして落ち込んでいるときに，仕事の失敗とは関係のない過去の苦い経験（例えば，失恋や試験落第など）が思い出され，さらに落ち込んでしまうという状況が挙げられる（**図5.6**）。反対に，仕事で大きな成果を収めて気分が晴れ晴れとしているときは，過去の成功体験が想起され気分がさらに高揚することもあるだろう。

　また，感情と認知との関連を示す重要な現象として気分状態依存効果がある。これは，快感情のもとで記憶された情報は快感情を経験したときに想起されやすく，不快感情のもとで記憶された情報は不快感情を経験したときに想起されやすいという現象である（図5.6）。記憶する情報の気分の方向性

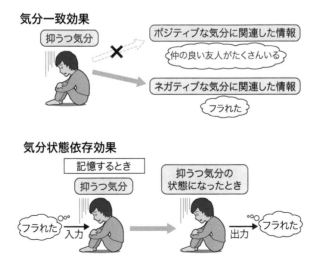

図5.6　気分一致効果と気分状態依存効果

は関係ないという点で気分一致効果とは区別される。

E. 感情制御

　感情を意識的に制御しようとする動物は人間だけといわれている。私たち人間は，社会や環境に適応していくために感情を適切に制御する必要がある。前頭前野は，感情の中枢である扁桃体が暴走しないようにその働きを抑制する役割を担っている。うつ病などの気分障害に罹患すると，前頭前野の機能が低下し扁桃体の適切な制御ができなくなるため，無害なものに対して強い不安や恐怖を抱いたりすると考えられている。さらに，感情制御が苦手な人は慢性的に不安や怒りなどを抱えることが多い。このような不快な感情を抱え続けると身体症状が生じることもあるため，感情制御が不得手な人は，身体疾患に罹患するリスクが高いとする報告もある。

　感情制御の方法はさまざまあるが，代表的なものとして抑制と認知的再評価がある。抑制とは，感情が沸き起こった際に感情を認識しながらもその表出を抑える方法である。ネガティブな感情の抑制の例としては，本当はイライラした感情が沸き起こっているにもかかわらず，相手に不快な思いをさせないように，微笑んでみたりポーカーフェイスでいたりすることである。また，ポジティブな感情の抑制の例としては，照れ隠しなどが挙げられる。

　もう一方の認知的再評価とは，感情の生起に関連する情報や出来事を解釈し直すことによって感情の生起そのものを調整する方法である。例えば，苦しい状況に置かれたとき，「この状況にもいつか終わりがくる」「この経験を今後の成長に活かそう」と状況を捉え直して感情の制御を図ることが挙げられる。この認知的再評価は，認知行動療法（9章参照）などの心理療法でも活用されており，抑うつ気分や不安の軽減，主観的な幸福感の促進といった精神的健康と関連があることが知られている。抑制と認知的再評価はいずれもバランスよく用いられることが理想だが，制御の失敗の一つの要因としてアレキシサイミア（**コラム**）がある。

　また，グロスは，感情生起の各段階において感情制御が行われるというプロセスモデルを提唱した（**図5.7**）。感情の生起前に行われる感情制御は先行焦点型感情制御とよばれ，状況の選択（ネガティブな感情が生起する状況

アレキシサイミア

　アレキシサイミアとは，シフネオスが提唱した性格特性である。心身症（身体疾患の中で，その発症や経過に心理社会的ストレスが密接に関与する病態）のメカニズムを説明するために提唱された用語だが，アレキシサイミア自体は病気ではなく，健常者にもみられる。この傾向が強い人は，自分の感情を自覚したり言葉で表現したりすることが苦手で，想像力，内省力，共感する力，衝動性をコントロールする力が乏しいといった特徴がある。感情そのものは生起されるが，それを認知したり言葉で表現したりすることができず，自分の感情だけでなく他者の感情の動きも理解することが困難となる。

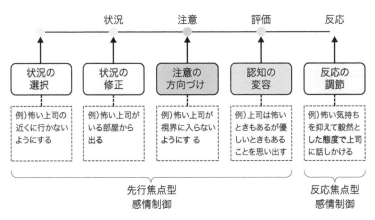

図5.7　グロスの感情制御のプロセスモデル

を回避する，あるいはポジティブな感情の場合は接近する），状況の修正（状況そのものを変える），注意の方向づけ（注意の向け方を変える），認知の変容（感情の生起に関連する考え方を変える）が含まれる。そして，感情の生起後に行われる感情制御は反応焦点型感情制御とよばれ，反応の調節（行動表出などの感情的反応を制御する）が含まれる。なお，先行焦点型感情制御は前述の認知的再評価に，反応焦点型感情制御は抑制に該当する。

F. 感情の生物学的メカニズム

　感情は脳のどの部位から生じるのだろうか。近年のfMRIなどを用いた脳機能イメージング研究により，情動を司っている部位は局在しているのではなく，大脳辺縁系，視床下部，脳幹，前頭葉といったさまざまな脳部位が関連しあって情動が生起されると考えられている。特に，大脳辺縁系の一部である扁桃体は情動の中枢とされている。大脳辺縁系は進化の過程で早期からある古い脳である。扁桃体が行う好き嫌いの判断は原始的，本能的であり，一目惚れや生理的な好き嫌いなどはこれに含まれる。また，扁桃体が情動の中枢であることは，脳損傷研究でも明らかにされている。例えば，扁桃体が損傷したサルは，通常なら怖がるはずのヘビを怖がらず口に入れようとしたり，見知らぬ他個体と同じ檻に入れても，緊張したり攻撃的になることなく平気で近づこうとしたりする。

　扁桃体が情動を生起するプロセスも明らかになってきている。まず，扁桃体には大脳の連合野などから視覚情報や聴覚情報などのさまざまな感覚情報が入ってくる。そうすると扁桃体は，記憶の中枢である海馬と連絡しながら，過去の記憶などを参考にして，その情報が危険かどうか，快か不快かなどを判断する。そして，扁桃体で判断された結果は視床下部などに送られ，対応する器官に伝えられることで心拍数や血圧が変化する。また，扁桃体は大脳の前頭前野や海馬と相互に関連し合い，これらが情動を制御したり情報を記憶したりする。

5.2節 ｜ 動機づけ

A. 動機づけとは？

　私たちが行動するとき，その背後には何らの原動力がある。行動発現の原因であるこの原動力は動機とよばれる。例えば，本書を書店で見つけて手に取った人は，「医療現場で心理学を活用したい」や「心理学を学んで自己理解を深めたい」といった動機をもっているかもしれない。そして，ある目標に向けて何らかの行動を起こし，その行動を維持・調整するプロセスを動機づけとよぶ。例えば，本書を読み進めていく中で，普段疑問に思っていた現

象を心理学の側面から考えてみるとすんなり理解できる体験をするかもしれない。そのような場合は、「もっとこの本を読んで心理学の知識を生活に活用したい」と思うかもしれない。これは、本書を読むという行動が強化・維持されており、動機づけが生じている状態と考えられる。

B. 動機づけの諸理論

　動機づけは古くから心理学の研究の対象とされてきた。ここでは、代表的な動機づけの理論を紹介する。

i）動因説と誘因説

　動機づけには動因説と誘因説という二つの理論がある。動因とは、人の内面にある「欲しい」という気持ちのことであり、欲求や要求ともよばれる。動因の中でも飢え、渇き、睡眠、排泄などは生理的欲求とよばれる。動因説とは、行動は動因の低減を目指して発現し（例えば、空腹を感じて物を食べるなど）、そして動因の低減に成功した行動は強化されるとする説である。

　他方、誘因とは、人の外部から行動を誘発する要因である。例えば、食べ物、お金、他者からの賞賛、性的パートナーなどはすべて誘因である。誘因説とは、行動は欲求の対象を獲得するために発現するとされる。多くの誘因は、快を伴う報酬としても機能しており、快をもたらした行動は強化される。なお、動因説と誘因説は対立するものではなく、それぞれが相互に作用し合っている。例えば、好きな食べ物（外的刺激）を見たとき、それが美味しく自身の空腹を満たしてくれる対象であることを思い出す。同時に、現在の空腹の程度を示す生理的信号が、その時点での食べ物の価値を調整する。この2種類の情報が統合されて、外的刺激に対する誘因動機づけが生じる。そして、意識や行動として表出される（**図5.8**）。また、動因が低減されている場合でも、誘因によって行動が引き起こされることは往々にしてある。例えば、満腹で食欲は満たされている状態でも、食後にスイーツリストを見せられると食べたくなるという現象もその一例である。

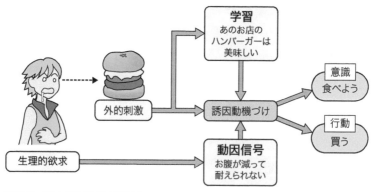

図5.8 基本的な動機のモデル

ii）生理的欲求とホメオスタシス

　ホメオスタシスとは，身体および生理的なバランスを一定の状態に保とうとする働きのことで恒常性ともよばれる。このバランスの維持は，生体内の生理的水準の感知とそれを調整することで得られる。このような身体および生理的なバランスの維持に起因する動機づけは，ホメオスタシス性の動機づけとされ，食事，睡眠，体温維持，排泄，身体的損傷回避の欲求などが含まれる。なお，性の欲求は生理的欲求ではあるが，生命を維持する上で直接関係するものではないことから，ホメオスタシス性の動機づけではないとされている。

　また，食事についてもホメオスタシス性の動機づけではない場合もある。例えば，肥満は栄養の過剰摂取によって生じる。肥満の主な原因としては，遺伝的に太りやすい素因，ストレスなどの心理的要因が挙げられる。また，摂食障害の下位分類である神経性無食欲症や神経性大食症もホメオスタシスの原理から反した状態像である。神経性無食欲症は，自身で課した極端な体重減少を特徴とし，他方，神経性大食症は，むちゃ食いとそれに伴う過剰摂取分を一掃するための嘔吐や下剤の使用，絶食，過剰な運動が繰り返し行われることを特徴とする。摂食障害の原因としては，自尊心の低さ，やせていることを理想とする文化といった心理社会的要因などが挙げられる。また，脳内のセロトニン受容体密度やセロトニントランスポーター密

度の変化といった生物学的要因に関する仮説もあり，脳機能イメージング研究が進められている。

　睡眠については，ホメオスタシスに加えて体内時計が重要となる。この時計の働きによって人間の身体の種々の臓器はほぼ24時間周期のリズムで動いている。これをサーカディアンリズムとよぶ。そして人間は，体内時計の指令によって，昼間は起きて活動し，夜は眠るというリズムを繰り返しており，これを睡眠覚醒リズムとよぶ。夜更かしや暴飲暴食などで生活習慣が乱れると体内時計も乱れ，その状態が続くと，睡眠覚醒リズムの乱れが生じて睡眠障害にまでいたることもある。

iii）内発的動機づけと外発的動機づけ

　内発的動機づけとは，自分の興味・関心や実現可能な目標を探し求めようとするプロセスそのものに起因する動機づけである。外的な報酬ではなく，自身の感情や行動が強化子となる。一方，外発的動機づけとは，報酬や罰といった外的刺激に起因する動機づけである。例えば，今本書を読んでいる理由を考えたとき，「心理学に興味があり，その知識が増えることは自己効力感や自己コントロール感につながる」と考えているなら，それは内発的に動機づけられていることになる。一方，本書を読むことで周囲から注目されたり賞賛されたりすることを期待している場合は，外的報酬によって外発的に動機づけられていることになる。

　内発的に動機づけられた人は，外発的に動機づけられた人よりも課題に対して粘り強く，創造性や責任感も強いことが知られている。しかし，内発的に動機づけられている人でも，外的報酬が大きくなると自己決定感は減弱していき，根気強さや粘り強さは失われ，すぐにやる気を失ってしまうようになる。このような外的報酬が内発的動機づけを低下させる効果をアンダーマイニング効果とよぶ。内発的動機づけを維持・強化するためには，自己効力感や自己決定感を保持し続けることが重要となる。

iv）自己実現の動機づけ

　マズローは，人間の欲求を重要性の順序で分類し欲求階層を提唱した。

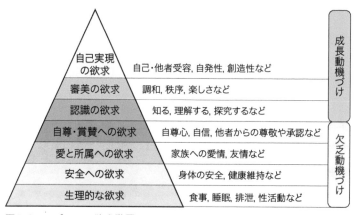

図5.9　マズローの欲求階層

その後，さまざまな研究者の理論が加えられ**図5.9**のような階層図が作られた。マズローによると，より上位の欲求が満たされるためには，少なくとも部分的にその低位に位置する欲求が満たされなければならない。最下層にある「生理的な欲求」は生存に不可欠なため，他の欲求より先行している。これが満たされると，「安全への欲求」が表面化し，自分たちの身を守り健康を維持しようとする。さらにそれがある程度満たされると，「愛と所属への欲求」が生じる。衣食住が満たされ安全に暮らしていたとしても，愛のない生活は安定した平穏な生活とはいえない。さらにそれらが満たされると，「自尊・賞賛への欲求」が生じる。家庭および社会において価値ある人間として認められたいという欲求が表面化する。そして，最後は，精神的に成長し，自分に最適な達成すべき活動を見つけ，自分の可能性を実現したいと願う「自己実現の欲求」が「認識の欲求」や「審美の欲求」と共に現れてくる。なお，「自尊・賞賛への欲求」までの段階は，自分の欠乏を満たしてくれる物や他者へ注意が向いたり依存したりすることから「欠乏動機づけ」とよばれる。一方，「自己実現の欲求」は，欠乏を満たしてくれる対象を利害関係の枠を越えた俯瞰した視点で眺めることができ，さらに自分が行動すること自体が目標となり，より高次のものを求めるようになることから「成長動機づけ」とよばれる。なお，現在では

必ずしも順序どおりにこれらの欲求が発現するものではないとされている。

C. フラストレーションと葛藤

　動機づけられた行動が，いつも予定通りに順序よく目標に向かって進むとは限らない。対象や目標に向かって行動する際に，内的あるいは外的な障害や摩擦が生じて，行動が遮られ，順調に進まなくなることはよくある。こうした事態は欲求阻止状況といわれ，その当事者である個人には欲求不満の情動が喚起される。これらを総称してフラストレーションとよぶ。社会や環境に適応するためには，フラストレーションへの耐性や対応力を身に付ける必要があるが，フラストレーションが強くなりすぎると防衛機制（9章参照）が発動することもある。

　また，動機づけは一つにまとまらないことがよくある。例えば，二つ以上の対象や目標がある場合，それらがもつ誘発性（引きつけたり（プラスの誘発性），反発させたり（マイナスの誘発性）する対象や目標の性質）は，相互に拮抗し合って身動きがとれない状況に陥る。このような状況や個人内に生じる動機づけ相互間の対立や矛盾を葛藤とよぶ。レヴィンは典型的な葛藤状況として3つのタイプを挙げた（**図5.10**）。「接近－回避型」とは，一つの対象や目標に対して，近づきたい気持ちと避けたい気持ちが混在している状況である。怖いもの見たさやアンビバレントな状況がこれに当たる。「接近－接近型」は，どちらにも近づきたいがどちらか一方を選択しなければならないという状況である。また，「回避－回避型」は，避けたり遠ざけたい対象や目標の間に置かれた状況である。

注釈：〇は個人，□は対象や目標，⇄は行動の方向性，
　　　±は対象や目標のもつプラスとマイナスの誘発性の性質

図5.10　典型的な葛藤状況

D. 動機づけの生物学的基盤

運動をしてのどが渇いたときに冷たいスポーツドリンクを飲むと，身体が潤いホッとした気持ちになる。また，懸命に就職活動をした末に希望の会社に就職できた場合，喜びと希望が溢れてくるだろう。このように，何かしらの欲求が満たされたり報酬が得られたりしたときに人は快楽を感じる。これは，脳にある報酬系とよばれる回路が活性化するためである。この報酬系回路は，中脳の腹側被蓋野から始まり，側坐核や大脳辺縁系，視床下部，さらに前頭前野へと至る回路であり（**図5.11**），ドーパミン作動性ニューロンによって作られている。欲求が満たされると，脳の中では，腹側被蓋野が活発化し，それによって側坐核が刺激されて神経伝達物質であるドーパミンが放出され，快楽や幸福感が生じる。そして，ドーパミンによって引き起こされた快感は報酬（正の強化子）となり，その行動は強化される。このように，報酬系回路は記憶や学習との関連も深い。また，興味や意欲が欠如した状態を示すアパシー（**コラム**）はこの報酬系回路の障害と関連しているという説もある。

また，報酬系回路は，アルコール依存症や薬物依存症とも関連が深い。例えば，覚せい剤，ヘロイン，コカインといった依存症を引き起こす薬物は，報酬系回路を活性化させたり，ドーパミンが作用する時間を長引かせたりする作用がある。こうした薬物への依存は，報酬系が慢性的に刺激される状態によって生じると考えられている。さらに，ギャンブル依存症も報酬系回路

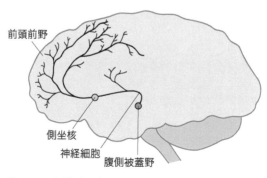

図5.11　報酬系回路

コラム アパシー

　アパシーとは，通常であれば感情が動かされる対象や出来事に対して興味・関心が沸かない状態を指す。脳卒中，パーキンソン病，アルツハイマー病などの中枢神経疾患において高い頻度で出現する。アパシーとうつは，意志の減弱，社会との接触の減少，疲労や過剰な睡眠，精神運動抑制などが共通する。しかし，感情の平板化，興味の減少，無関心，発動性の低下などはアパシーにより特徴的な症状であり，自責感，悲哀感，絶望感，無力感などはうつに特有の症状であるため，両者は区別する必要がある。

コラム 動機づけ面接

　動機づけ面接法は，依存症を抱える人に対する支援方法として開発された心理面接技法である。クライエント中心療法の要素に行動療法の要素が加わった面接スタイルである。技法名からは，セラピストがクライエントの動機を引き出したり，一方的に何かを教えたりする技法のように思うかもしれないが決してそうではなく，セラピストはクライエントと協働関係を築くことを何よりも大事にし，「変わりたい，でも，変わりたくない」というアンビバレントな気持ちや状況を丁寧に引き出し，クライエントが本来の進むべき道を自分で見出していくように支援する方法である。

が関連している。例えば，パチンコで大儲けをすると報酬系回路が活性化して快感が生じる。そして，この体験が本人にとって強烈であったり，報酬が繰り返し得られたりすることで快感を得ることに溺れて行動を止められなくなってしまう。なお，依存症になるかどうかは，性格，生活環境，経済状況などのさまざまな要因がかかわっている。依存症の治療や支援は，薬物療法だけでなく，動機づけ面接（**コラム**）や認知行動療法などの心理療法を併用することが多い。また，自助グループや地域社会資源を活用することも依存症の回復過程において重要となる。

参考文献

・石浦章一(監修), 運動・からだ図解 脳・神経のしくみ, マイナビ出版, 2016.
・大平英樹(編), 感情心理学・入門, 有斐閣, 2010.
・岡田隆・宮森孝史・廣中直行(著), 生理心理学 第2版 脳のはたらきから見た心の世界, サイエンス社, 2015.
・内山伊知郎(著, 監修), 感情心理学ハンドブック, 北大路書房, 2019.
・S. G. ホフマン(著), 有光興記他(編, 訳), 心の治療における感情：科学から臨床実践へ, 北大路書房, 2018.
・M. F. ベアー・B. W. コノーズ・M. A. パラディーソ(著), 加藤宏司・後藤薫・藤井聡・山崎良彦(監訳), 神経科学−脳の探求−, 西村出版, 2007.
・加藤忠史(著), 臨床脳科学, 岩崎学術出版社, 2018.
・上淵寿(編著), キーワード　動機づけ心理学, 金子書房, 2012.

第6章 社会・集団

私たちは自分が置かれた状況によって，行動や思考，判断が左右されることに気づいている。例えば，電車で席を譲るのも気軽に譲りやすい状況もあれば，声かけしにくい状況もある。家族と一緒にいるときの自分と，友人と一緒にいるときの自分は少し違うかもしれない。周りの雰囲気に飲まれ，自分の主張を曲げることも普段の生活ではよくあることだ。私たちは自分で思うよりも，自分の行動や思考，判断を自分の意思で動かすことは時に難しく，状況の力が個人の性格を支配するような場面もある。本章では，社会の中の人間の営みや社会の中の人間の心の動きを研究対象とする社会心理学から，いくつかのトピックについて紹介する。

6.1節 人は他者をどう捉えているか

私たちはさまざまな人間関係の中に生きているが，いつの間にか他者の印象を作り上げていることに気づく。また，他者と自分を比べて今の自分の立ち位置を確認したりもする。ここでは，私たちが他者をどのようにして捉え，自分を他者と比較することがなぜ起こるかについて紹介する。

A. 対人認知と印象形成

他者に関する情報を基にその人の性格を判断したり，行動を予測することを対人認知という。対人認知は6つの段階を経て行われる（図6.1）。図の対人認知の4段階目にある暗黙の性格観とは，世間の人たちが人の性格に関して漠然とした形で抱いている考えや信念のことであり，私たちは血液型や職業，容貌などに応じてなんとなくのその人らしさのイメージを有している。

人の全体的な印象を形成するプロセスを印象形成という。アッシュが行った実験では，人の性格を表すような形容詞を並べ，その特徴をもつ人はどんな人だと思うかについて尋ねた。図6.2の特徴Aの人物はとても元気で自

①注目	対象となる存在に注意を向ける
②速写判断	ぱっと見の印象でその人らしさを判断する
③原因帰属	相手の性格と言動との関係を検討する
④特性推測	性格特性の推測（暗黙の性格観）
⑤印象形成	既存の情報を構造化して人物像を特定する
⑥今後の予測	相手の判断, 行動を予測する

図6.1　対人認知の6段階

特徴A	特徴B	特徴C
エネルギッシュな	知的な	嫉妬深い
自信にあふれた	勤勉な	頑固な
おしゃべりな	批判力に優れた	衝動的な
あたたかい	冷たい	冷たい
皮肉っぽい	衝動的な	批判力に優れる
詮索好きな	頑固な	勤勉な
説得力がある	嫉妬深い	知的な

図6.2　人の印象に関する実験

信家，リーダー的で好感のもてる人物だと評価されやすく，特徴Bの人物は冷たくあまりお近づきになりたくない人物と評価されやすい（リストの中にはそれらのイメージとは矛盾する情報があるにも関わらず）。提示される情報のうち，全体的な印象形成に特に大きな影響を及ぼすものを中心特性，あまり影響を及ぼさないものを周辺特性という。続いて，図6.2の特徴BとCをもつ人物の印象についてはどんな人物を思い浮かべるだろうか。特徴BとCは提示する情報の順番を逆にしただけなのにも関わらず，特徴BよりもCの方が人物の印象がネガティブに受け取られやすくなる。このように，提示する情報の順番によって人の印象が変わることを提示順序効果という。人の印象形成では，中心特性が過大評価されることでそれ以外の情報は中心特性

とつじつまが合うように修正され，調整される。また，人の印象形成の手が
かりとなる情報は，客観的な情報（外見など）が先行し，次いでその人の行
動や性格特性が印象形成に影響すると考えられている。

B. ステレオタイプ

　人の印象はざっくりと決められるが，一度作られた印象は修正されにくい。
ステレオタイプとは，ある特徴をもった人や集団に対する既有の知識のこと
である。私たちは，人種や性別，肌の色，頭髪，体型，職業に対して，「〜

コラム　アンコンシャス・バイアス

　性別や国籍，民族，志向性など人は多様であり，多様な人々が存在する社会で
は多様性（ダイバーシティ）を理解し，多様性を受け入れ，共存していくことが
求められる。しかし，人間は人や物に対する思い込み（バイアス）を有する存在
である。こうした思い込みは普段意識されることは少ない。アンコンシャス・バ
イアス（無意識の偏見）は，男女共同参画やダイバーシティ社会を推進する上で
大きな障害となる。

　アンコンシャス・バイアスにはさまざまなバイアスが含まれる。例えば，自分
の考えや自分が立てた予想が正しいかどうかを判断する際，自分の考えや予想に
反する情報よりもそれらを確証してくれる情報にばかり注目し，それらの情報を
重視しやすい傾向を確証バイアスという。「Aさんは嫌な人だ」と思えば，Aさ
んが嫌な人であることを証明する情報ばかりに注目するようになり，それに反す
る情報は無視されやすくなる。

　また，人は自分の目で確かめていないことまで好ましく思う（あるいは嫌いに
なる）傾向がある。ある対象を評価する際，その対象の目立ちやすい特徴（外見
的な魅力や社会的地位など）に引きずられ，その対象の他の特徴の評価も歪めて
捉える傾向をハロー効果という。「美男美女はきっと性格も良くて頭も良いに違
いない」という思い込みはその一例である。

　さらに，自分と類似する特徴（同じ出身地，同じ学校の卒業生，共通する興味関
心など）をもつ人を高く評価しやすくなる類似性バイアス，男女の役割について
一方的で固定的な考えをもつジェンダー・バイアスもある。また，自分の都合の
悪い情報を軽視する正常性バイアスもある。こうしたバイアスは医療場面でも生
じやすく，患者に対するバイアスや他の職種に対するバイアスが働いたり，自分
が正しいと思い込んだように現実をねじ曲げて認識してしまうことも起こりうる。

に違いない」といった思い込みをもっている。いわゆる伝統的な「男らしさ」や「女らしさ」もステレオタイプの一種である。ステレオタイプは普段意識されることがない。ステレオタイプは私たちの日常に潜んでいて，差別や偏見，先入観の原因となりうる。しかし，私たちはステレオタイプに抗うこともできる。意識的に自分のステレオタイプに注意を向けることで，ステレオタイプはある程度抑制できることもわかっている。医療場面では「患者」というステレオタイプが存在し，患者のイメージが先行して目の前の患者を弱者とみなし，いつの間にか上下関係を作り上げてしまうことは避けねばならない。

C. 人と比べる心理

　私たちは普段から他者と自分を比べている。「私は彼よりも身長が高い／低い」といった外見的特徴だけでなく，「私はあの人よりも賢い／頭が悪い」，「私は彼女のように優しい人間にはなれない」といったように性格や能力の面でも他者と自分を比べている。人は自分自身を正確に評価したいと思う（これを自己確証という）存在であり，人は自分に関することをとにかく知りたがる生き物である。他者と自分を比較することで，今の自分の状態を推し量ることもできる。また，私たちは他者と自分を比較することで，時に安心したり，不安になって焦ったり，落ち込んだりすることもある。

　自己確証に基づいて自分と他者とを比較し，自己評価を導き出そうとすることを社会的比較という。自分を正確に評価したいという欲求の中には，自分をより好ましく，価値あるものとして捉えたいとする自己高揚欲求がある。行き過ぎた自己高揚欲求によって，自己評価が歪んだり，他者を蔑むようになることもある。社会的比較には以下の三つの比較がある。

　①**下方比較**　自分よりも能力が下の人と自分を比べることで，自分をよく
　　評価する。「自分はあの人よりはましだ」と思うことによって，安心し
　　たり，優越感を感じたり，自尊心を保つことができる。
　②**上方比較**　自分よりも優れた人，社会的に望ましいとされる人と自分を
　　比べる。「私はまだまだ彼女には敵わない」と思えば，もっと頑張ろう
　　と思えるかもしれないし，意気消沈してやる気が低下することもある。

③反映的名誉 自分とつながりのある優れた他者を引き合いに出して，その者との関係を自慢することで自分の評価を上げようとする。優れているのはその他者であって，それとの関係を自慢している人ではないのだが，単につながりを自慢する人もすごい人だと思われることもある。

　私たちの対人関係は，赤の他人という関係性のゼロ地点からスタートし，時間の経過とともに他者との関係を深めていく。他者とつながりたい，一緒にいたいという気持ちを抱き，次第に他者に対する好悪の感情も生まれてくる。また，他者と関係を築くためには，他者とコミュニケーションを図りながら，自分を効果的に他者に表現すると同時に，他者のことも知らねばならない。ここでは，そうした対人関係に関する心理学的な事象を紹介する。

A. 他者に対する好悪

　人が他者に対して抱く好意や嫌悪を対人魅力という（**表6.1**）。例えば，相手と物理的に距離が近く，また単に接触回数が多ければそれだけで相手に対する好意が上昇することがある（これを単純接触効果という）。ザイアンスの実験では，複数名の顔写真を用意し，1枚ずつ同じ時間で実験参加者に提示された。その結果，提示される回数の多かった顔写真は他の顔写真よりも好意的に評価されやすいことがわかった。これは人に対してだけでなく，頻繁にみかける商品や名前にも私たちは親しみをもちやすくなる。しかし残念なことに，最初から嫌悪感や不快感を抱く対象の場合には，単純接触効果は起こりにくいこともわかっている。

　また，自分が情緒不安定なときに自分に好意を寄せてくれる人に好意を抱きやすいこともわかっている。ウォルスターによる実験では，「性格検査に関する研究」と称して女子学生を実験に招き入れた。参加者は待合室に一人で待機させられ，そこに（外見的に）魅力的な男性が入室してくる。この男性は実験者による仕掛け人だが，実験に参加した女子学生はそのことを知らない。何気ない会話の中で，その男性は女子学生をデートに誘うなどして好

表6.1　対人魅力の4要因

- 環境の要因
  物理的に近い位置にいるか，一緒にいて快適か，一体感があるか（共通目標をもつ）
- 相手の要因
  外見：魅力的な外見的特徴をもっているか
  態度：相手から好意を表明される，自己開示してくれる，褒められる
- 個人の要因
  情緒不安定，自信喪失，不安が強い，興奮している，など
- 両者の関係
  類似性，相補性，役割分担がきちんとできている，周囲からの妨害／受容がある

意を示す態度をとる。その後，偽の性格検査が実施され，性格について①ネガティブな内容の結果を渡されるグループと，②ポジティブな内容の結果を渡されるグループに分けた。実験の最後に，女子学生たちに対して実験者，デートに誘ってきた男性，その場に居合わせなかった別の教員に対する好意度のチェックを行った結果，①のグループでは仕掛け人である好意を示してきた男性の好意度を最も高く評価する傾向が示された。この結果は，自分の性格についてネガティブな結果を受けたことによる情緒不安定さによるものだけではなく，他者から好意を向けられたことに対して，自分もその他者に好意を抱く魅力の返報性としても説明される。

　両者の関係性によっても相手に対する好意は影響を受ける。自分と類似する他者には好意をもちやすく（類似性の効果），自分とは似ていない，自分にないものをもっている他者にも好意を抱くこともある（相補性の効果）。親密な二者の関係が周囲からの反対や妨害を受けるほど，障害を共に乗り越えようという気持ちや恋愛感情が高まる現象（ロミオとジュリエット効果）が起こることも知られている。

B. 対人コミュニケーション

　コミュニケーションとは情報の伝達のプロセスを意味する。私たちは言葉を使った言語的コミュニケーションとボディーランゲージや声の調子，距離など言葉以外の非言語的コミュニケーションを使って他者と関わっている。私たちのコミュニケーションは言語を基本にして成立していると思われがち

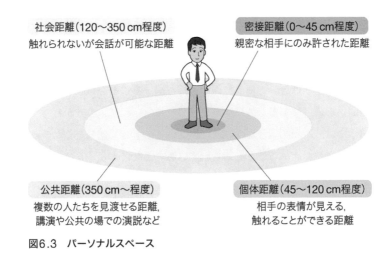

社会距離(120〜350 cm程度)
触れられないが会話が可能な距離

密接距離(0〜45 cm程度)
親密な相手にのみ許された距離

公共距離(350 cm〜程度)
複数の人たちを見渡せる距離,
講演や公共の場での演説など

個体距離(45〜120 cm程度)
相手の表情が見える,
触れることができる距離

図6.3　パーソナルスペース

だが，非言語的コミュニケーションは私たちのコミュニケーションに非常に強い影響力をもつ。数多くの種類をもつ非言語コミュニケーションには，人と人との距離も含まれる。興味がある人には自然と近づくし，そうでない人には近寄らないように，私たちは人との距離感だけで情報を伝え，また情報を受け取ることができる。距離の遠近はそのまま関係の密度を意味することもある。距離に関していえば，私たちは普段から見えない空間をもって他者と接していると考えられている（図6.3）。他者の侵入から自分を防衛するための領域をパーソナルスペースといい，親しくない人にこの領域に入られると不快になり，排除もしくは離脱を図ろうとする。性別や性格，文化など育った環境によってパーソナルスペースの広さは異なる。

C. 自己呈示と自己開示

　対人コミュニケーションにおいて，他者に自分を知ってもらいたいのであれば，自分を表現する必要がある。自分の望ましい側面を積極的に表出することを自己呈示といい，自分の良い面も悪い面も偽らずに表出することを自己開示という。自己呈示は自分をよく評価してもらいたい気持ちに基づいて行われる。自己呈示には，失敗が予期される場面で他者に言い訳をして，その失敗を外的な要因（例：忙しさ，体調不良など）のせいにしようとする

（セルフ・ハンディキャッピングという）ことも含まれる。これにより，失敗しても自分の努力不足や怠けといった内的な要因に原因を求められずに済む。

　一方，自己開示は自分を率直に他者に打ち明けることを意味しており，他者との関係を親密にするためには自己呈示よりも自己開示の方が有効である。自己開示には，自己開示された相手には自己開示をして返したくなるという，自己開示の返報性があることも知られている。これにより，互いの自己開示が促進され，関係が深まる循環が生まれる。

　また，自己開示は自己理解を深める上で重要な役割を果たす。対人関係における自分の気づきのモデルとして，ジョハリの窓という概念がある。**図6.4**のように，「自分が知っている／知らない自分」と「他者が知っている／知らない自分」とで四つ窓が構成され，それぞれ開放，盲点，秘密，未知の四領域が仮定されている。自分が他者に自己開示をした場合，②のように他者が知っている自分の領域（開放）が広がり，他者の知らない自分の領域（秘密）は狭まる。また，他者から自分について何らかのフィードバックをもらった場合，それを素直に受け入れることで③のように開放の領域は横に広がり，自分の知らない自分の領域（盲点）は狭まる。傷つきを恐れ，自分を表現することを避け，他者の声に耳を塞いでいては自己の成長はありえない。最終的には，④のように未知の領域は狭まっていき，自己理解が深まると考えられているが，未知の領域がゼロになることはないと考えられている。

6.3節 | 集団の中の人の心

　複数人で構成されるまとまりを集団（グループ）とよぶ。私たちの周囲には家族，友人，学校や職場といったように常に集団が存在しており，自分もその集団の一員として集団を形成している。集団には，学校や職場のように明確な目標や役割が決められた「フォーマルな集団」，そして友人のように顔なじみの仲良しメンバーで構成される「インフォーマルな集団」の二種類がある。集団内には，何が適切で，適切でないのかという信念や態度，ルールが共有されていて（集団規範），集団内の少数派は多数派に意見を合わせ

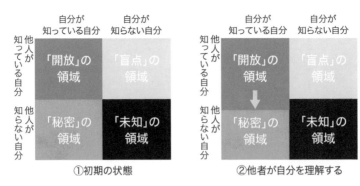

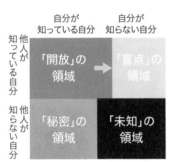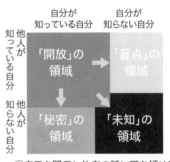

③他者の話を聞いて自分を理解する　　④自己を開示し他者の話に耳を傾ける

図6.4　ジョハリの窓－対人関係における心の窓

ることを求められる斉一性の圧力が働くこともある。一人でいるときの自分
と集団の中にいるときの自分の振る舞い方は常に同じではない。本節では，
集団が個人の行動や判断，思考にどのように影響するのかについて紹介する。

A. 集団への同調

　「朱に交われば赤くなる」ということわざにあるように，人は良くも悪く
も他者や周囲の環境の影響を受けて生活を送っている。集団や他者が設定す
る基準や期待に沿って行動することを同調という。アッシュが行った実験で
は，集団を対象にして知覚判断課題としてモデルとなる線の長さと同じもの
を選ぶという単純な課題が行われた（**図6.5**）。この課題は単独で行えば正
答率が99％以上になるほど簡単な課題であったにもかかわらず，集団内の
他のメンバーが口を揃えて誤った回答をすると，全体の約32％で同調がみ

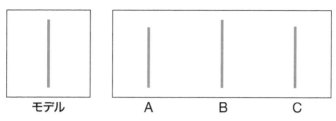

モデル　　　　　Ａ　　　Ｂ　　　Ｃ

問：モデルの線と同じ長さのものを，A〜Cのうちから1つ選んでください

図6.5　集団への同調実験（アッシュが行った実験を参考に改変）

表6.2　同調を左右する要因

1. 課題の性質 　課題が重要かつ困難であり，課題内容が曖昧だと同調しやすくなる 2. 情報源 　情報が誰によって発信されているか（信憑性，魅力度など） 3. 集団内での立ち位置 　集団内で低い地位に置かれるほど同調は起こりやすくなる 4. 集団としてのまとまり 　集団としてのまとまりが強いほど同調は強くなりやすい 5. 集団内の一致度 　多数派全員に意見の一致が見られると同調が生じやすい 　（一人でも正当な意見を表明する者がいると同調は減少する） 6. 個人の要因 　自信がない人，他者の言うことに左右されやすい人は同調しやすい

られるようになった（他のメンバーはわざと誤った回答をするように事前に指示をされていた）。同調は必ず起こるわけではないが，同調が起こりやすい要因が特定されている（**表6.2**）。集団内では，共通の価値観や行動への同調が求められ，同調する者には賞賛を，同調しない者には罰（悪口や陰口，仲間外れ，体罰など）が与えられる。同調への圧力は集団としてのまとまりを強めるように働く一方，それに反発する者たちが必ず現れる。同調の圧力は集団規範から外れた少数派の誕生を招き，集団内の対立や葛藤を生じさせる。これによって集団内でも多数派と少数派に分かれ，意見の異なる他の集団を批判し，自分たちが所属する集団を正当化しようとする動きが生まれる。

B. 集団における人の思考

　人は個人で考える場合よりも，集団で話し合うことによって合理的な決定が妨げられるような，思考の歪みが生じうることが指摘されている。集団での意思決定の場面では，多数派主導となりやすい。また，集団内での意見の一致を過度に追求するあまり，少数派の意見を批判する。集団では，同調への圧力が生じやすいことに加えて，全員の意見が一致することが客観的な正しさを意味するといった幻想が抱かれやすい。さらに，集団内の能力を過大評価し，起こりうるリスクを過小評価することで集団が愚かな意思決定を行うこともある（これを集団思考，または集団浅慮という）。集団での話し合いでは，何かを決定することに意識が向いてしまい，本来検討すべき課題に対する考えが浅くなる。ジャニスは，歴史上の深刻な政策決定の失敗事例を分析し，同じ考え方や価値観の人たちだけで話し合いがなされると，お互いに意見を支持し合い，強化し合って渦を巻くような集団の動きがみられることを明らかにした。集団思考は，時間がない状況（時間がないと決定することに重きが置かれるため），自分よりも知識が豊富な専門家がいる状況，自分に有利な決定になるように発言されやすい状況などで起こりやすい。

　集団で話し合いをすると，最初に優勢であった立場が話し合いを経てより強まり，極端になることを集団極性化という。裁判の陪審員同士のディスカッションでも，またSNS上の炎上でも集団極性化の例をみることができる。特に，インターネット上では同じ思考や主義をもつ者同士がつながりやすく，集団極性化を起こしやすい。自分たちの主義主張に合わない人たちを異質とみなして排除する傾向も強まる。人は個人で物事を決定するよりも，集団で話し合った後の方がより大胆で危険性の高い，勇ましい決定をしやすくなる（リスキーシフト）。一方，集団内の意見がより慎重である方に偏ればより慎重に傾く（コーシャスシフト）ようになる。

C. リーダーの重要性

　集団は時に誤った方向へと進む恐れがあるならば，集団のリーダーの役割は重要である。集団の目標を達成したり，集団を維持するために集団成員によってとられる影響力行使のプロセスをリーダーシップという。リーダーシ

ップ研究では，リーダーに必要な機能として目標達成（集団の目標を明確にし，方法や計画を具体化させて集団成員を動機づける）と集団維持（集団成員の意見や不満を聴取し，成員間の関係を調整したり集団の魅力や士気を高める）の二つの機能が注目されてきた。三隅二不二（みすみじゅうじ）によるPM理論では，集団の目標達成機能（Performance）と集団維持機能（Maintenance）をそれぞれどの程度有しているかによってリーダーの4類型を提唱した（**図6.6**）。PM理論の提唱後，リーダーは状況に応じてリーダーシップスタイルを変える必要があると論じられるようになる。ハーシーとブランチャードによるSL（Situational Leadership）理論では，PM理論の考え方を踏襲しつつ，部下の成熟度（状況）に合わせてリーダーシップの取り方を変える必要性を主張した（**図6.7**）。また，コンティンジェンシー・モデルでは①リーダーが組織の他の成員に受け入れられる度合い（良好な人間関係），②仕事や課題，目標やその達成手順が明確であること，③リーダーが適正なコントロール権限を有する状況，という三つの状況要因を挙げ，「リーダーシップスタイル×状況要因①・②・③＝結果」という考え方が提唱された。近年では，組織変革の重要性が論じられるようになり，変革型リーダーシップが注目を集めている。集団において，リーダーは組織変革が緊急課題であるという認識を徹底させ，変革のための魅力ある明快なビジョンを設計し，

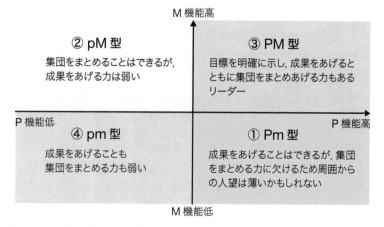

図6.6　三隅二不二のPM理論

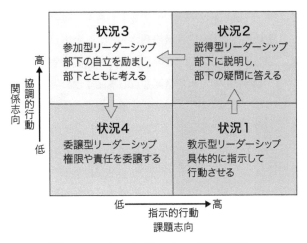

図6.7　ハーシーとブランチャードのSL理論

人々とともに共有し，掲げられた目標を達成するために人々の行動を支援することで組織の変革を促す役割を求められることが論じられている。組織の変革にはリーダーシップだけでなく，リーダーを支える役割であるフォロアーシップ（他の成員による組織への貢献）の影響力が大きいことも議論されている。

D. 集団への所属意識と集団間葛藤

　いかに優れたリーダーが存在するとしても，集団や組織内での成員間のトラブルは免れない。また，自分が所属する集団や組織の競争相手となる他の集団・組織の存在は，時に行き過ぎた攻撃を生みだす。私たちは自分を価値ある人間であると思いたいように，自分の所属する集団にも望ましい価値を見出すように動機づけられている。自分を集団の一部として自覚し，集団における成員性を自己の属性の一つとして認識することを社会的アイデンティティといい，所属する集団に対する好き／嫌い，誇りや愛着といった感情的な意味合いを含んでいる。自分が所属する集団や社会的なカテゴリー（例：性別，国籍，人種，組織）を見出し，自分の所属する集団（内集団）とそれ以外の集団（外集団）との境界を明確にすることで，自分の所属性を強く意

識する。人は内集団を好意的に捉えやすく，外集団には批判的で冷淡になりやすい。この結果，内集団ひいき（内集団バイアスともいう）や外集団への差別，偏見，排除が生じる。第三者の視点から集団間の優劣の差はないようにみえても，内集団であると強く意識される集団は他の集団よりも好ましく評価され，外集団の欠点に注目しやすくなる。また，内集団の望ましい行動は内的な要因（例：自分たちの努力，才能，能力）にその原因を求めやすく，望ましくない行動は外的な要因（偶然や環境的な阻害要因）に求めやすくなり，外集団に対してはこの逆となる。こうした認知の偏りは究極的帰属エラーとよばれ，人の偏見やステレオタイプの維持に影響すると考えられている。

　このように，集団間葛藤は不可避ではあるが，葛藤の解消に向けたいくつかの提案がある。古くから，偏見や差別は外集団に対する無知さから生じるのであれば，集団間の接触頻度を増やし，互いの理解を深めれば偏見はなくなるという考え方がある（これを接触仮説という）。実際には，敵対する集団同士を不用意に近づけることで余計に争いが激化する恐れもあるため，接触仮説には必要な条件がある（**表6.3**）。また，自分が外集団と友好な接触をもたなくても，自分の友人に外集団の中に仲の良い知り合いがいることで，外集団に対する印象が良くなることもある（間接的接触）。また，外集団の成員としてではなく，一人の人間として接することで偏見に基づく扱いを減少させることも可能である（脱カテゴリー化）。そして，異なる集団間でお

表6.3　接触仮説に必要な条件

> 1. 地位を対等にする
>   接触する成員同士が対等の地位関係にあることが重要である。
>   集団間の地位差がある場合，それが顕著にならないようにする。
> 2. 協力的な関係を築く
>   競争関係ではなく，共に活動することが双方の利益になる関係にする。
>   協力した結果，失敗すれば責任のなすりつけ合いが生じる恐れもある。
> 3. ステレオタイプに反する情報を提示する
>   外集団に対するステレオタイプに合致しない情報を相手に提示する。
>   （ステレオタイプに反する人が例外だとみなされると効果はなくなる）
>   外集団の典型的な人物（リーダーなど）がステレオタイプに反する側面を見せると，
>   他の成員にも一般化されやすくなる。

互いの差異を認めた上で，同じ共同体や社会に所属しているという一体感を育てる方法も互いの協力関係を築きやすい（再カテゴリー化）。外集団間で共通の敵が出現することで集団間に好意的な態度が形成されることもある。

E. 権威への服従

　集団は常によきリーダーに恵まれるとは限らず，時に絶対的な権威者による成員支配が行われる場合もある。権威者からの命令や指示に従うことを服従というが，服従の好例は第二次世界大戦時のナチスドイツが実施した非人道的行為であろう。ある特定の状況下では，これまで平凡な暮らしを送っていた普通の市民であっても，残虐行為に走ることがある。服従に関する実験の結果，多くの場合で自分の意に反する行動や考えを権威者から命令，指示されるとそれに従うことが確認されている。

　ミルグラムは，新聞広告を通じて「記憶に関する研究」と称した実験への参加者を募集した。参加者は20～50代で実験には参加報酬が支払われた。実験者は教員を名乗り，「これから罰の効果をみる」と実験参加者たちに説明した。実験は二人一組で行われ，教員役と生徒役をくじ引きで決定したが，生徒役はすべてミルグラムが仕込んだ人たちであった。両者はガラス窓を隔てて別々の部屋に入室し，教員役は生徒役が課題に誤答したら罰（電気ショック）を与えることになっていた（図6.8）。生徒役が1回間違えるごとに電圧が15ボルトずつ上がるように設定されており，誤答のたびに電圧が上昇すると生徒役は「痛い，頼むからやめてほしい」と訴える。次第に生徒役は叫び声を上げるようになり，最終的には無言になるという様子（すべて演技による）が生徒役によって示された。教員役が実験の中止を申し出た際には，実験者は隣で続行を命令した。40名が参加したこの実験では，40名のうち26名が電圧最大の450ボルトまで罰を与え続け，またその中の35%程度の人は窓越しの生徒役の様子をみて笑っていたことも報告されている。

F. 匿名性と残虐行為

　権威の存在がなくとも，人は集団の中に埋没することで普段よりも非合理的でかつ刹那的，攻撃的な行動を起こしやすいことも知られている。集団に

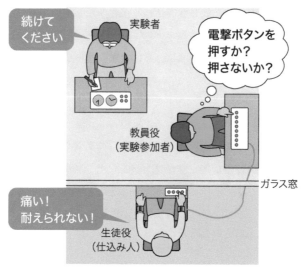

図6.8　ミルグラムの実験

おいて，人が個人としてみられず，注目されない状況を没個性化という。集団に埋没した状況では，個々人が何者であるかが気にされない，または気づかない状況（匿名性）となり，人は攻撃的になりやすいと考えられている。

　ジンバルドーが行った実験では，実験参加者である学生たちを4人ずつのグループに分け，そのうちの一人に学習課題の罰として電撃を与えるように指示した。グループは，①参加者全員が頭巾をかぶって身を隠すグループ（高匿名性）と②参加者が着てきたままの服装で事前に自己紹介をして大きな名札をつけるグループ（低匿名性）に分けられた。グループ間で与える電撃に差があるかどうかを検討したところ，①のグループは②のグループよりも2倍の電撃を与えていた。私たちの日常生活でも，例えばSNSでの炎上や同調行動，少数派への過度な攻撃行動などがみられる。人に蓄積された緊張状態や欲求不満状態のはけ口や矛先の対象（スケープゴート）への集中的な攻撃が日々起こっている。人は問題の解決よりも，悪者探しに必死になって対象を攻撃し（スケープゴーティング），心の安寧を図ろうとする。匿名性の高い状況下では，普段の自分とは異なる顔が出てもおかしくない。匿名性が保たれたSNS上で好き放題に発言している人は，実名が公表されたと

してもこれまで通り自由気ままに発言できるだろうか。

　本章を通して，状況次第で普段の自分の判断や行動が変化してしまうことを理解できただろう。私たちは家族，友人，職場，広くは地域社会において他者と関わりながら生きている。組織や集団の中では，人は個人の信念を貫き通すことは難しく，時に周囲に自分を合わせ，集団の動きに身を任せて行動することもある。現代において，医療に限らずすべての対人援助職ではチームの重要性が掲げられており，多職種との連携や協働は必須となっている。チームはまさに集団行動である。集団・組織の動きやその中の自分や他者の

コラム　SNSとメンタルヘルス

　ソーシャルネットワーキングサービス（Social Networking Service; SNS）は，登録された利用者同士が交流できるウェブサイトによるサービスである。私たちは，SNSを利用してさまざまな情報を自由に送受信できる。SNSでは，毎日のように炎上（勢いよく燃え上がる炎のように好意的でないコメントが殺到すること）が起こる。インターネットは同じ思考や主義をもつ人たちをつなげやすい特徴をもっており，集団極性化が引き起こされやすい（これをサイバーカスケードという）。ある事柄に賛成，あるいは反対する者同士がネット上でつながりやすく，一人もしくは少数の，自分たちとは主義主張が異なる者たちをみつけるや否や，一斉に攻撃を始める。そうした攻撃は過激さを増していき，みるに耐えないコメントの数々で埋め尽くされることになる。また，こうした攻撃はSNS上で行われるネットいじめ（サイバーいじめ）とよばれる行為と重複する部分がある。また，SNSは情報取得と拡散の簡易さ，自由さからデマの拡散を助長してしまう恐れもある。

　SNSには，全世界の誰とでもつながれて，多様な情報を瞬時に送受信できるという大きなメリットがある。情報の真偽は不明でも，最新の情報が飛び交い，友人たちとの会話で役立ちそうなネタになる情報も溢れている。人がSNSへ執着する一つの要因として逃すことへの恐怖（Fear Of Missing Out; FOMO）があるという。一方，SNSの利用頻度が高いほどうつ病になる可能性が高いという報告もあり，さらに，SNSは社会的比較を引き起こすことも論じられている。SNSの1日あたりの利用時間を30分間に制限することで，気分の落ち込みや孤独感を軽減させることができると報告する論文もある。

動きを理解しようとするときに本章で紹介した知識が役に立つだろう。

参考文献

・釘原直樹 (著), グループ・ダイナミックス―集団と群衆の心理学, 有斐閣, 2011.
・堀洋道 (監修), 吉田富二雄・松井豊・宮本聡介 (編), 新編 社会心理学改訂版, 福村出版, 2009.
・D. L. ロター・J. A. ホール (著), 石川ひろの・武田裕子 (監訳), 患者と医師のコミュニケーション : より良い関係づくりの科学的根拠, 篠原出版新社, 2007.
・川上善郎 (著), うわさが走る―情報伝播の社会心理 (セレクション社会心理学), サイエンス社, 1997.
・奥田秀宇 (著), 人をひきつける心―対人魅力の社会心理学 (セレクション社会心理学), サイエンス社, 1997.
・R. B. チャルディーニ (著), 社会行動研究会 (訳), 影響力の武器 (第三版) : なぜ, 人は動かされるのか, 誠信書房, 2014.
・S. ミルグラム (著), 山形浩生 (訳), 服従の心理, 河出書房新社, 2012.
・山本眞理子・原奈津子 (著), 他者を知る―対人認知の心理学 (セレクション社会心理学), サイエンス社, 2006.

第 7 章

知能・性格

ここまでの章では,「人の記憶にはどんな特徴があるか」「集団の中で人はどうふるまうか」など,人全般に共通する心の仕組みを論じてきた。しかし,「あの人はああするのに,この人がこうするのはなぜか」「自分とこの人はどう違うのか」といった,心の「個人差」の説明はあまりなされていない。この心の「個人差」を扱うのが,知能と性格というテーマである。知能はいわゆる「頭の良さ」,性格は「人柄」や「行動傾向」などを扱うもので,とても身近な概念である。この章では,知能と性格の研究を参照しながら,人の心の個人差をどのように理解できるか,考えていきたい。

7.1節 | 知能を捉える

あなたにとって「頭の良い人」とはどんな人であろうか。計算が早い人,もの知りな人,問題を解決できる人,場に合わせた言動がとれる人など,さまざまな人物像が浮かぶだろう。「頭の良さ」のイメージは人によって,また場によって,さまざまである。研究者の間でもその捉え方はさまざまであり,統一した見解はなかなか得られなかった。ごく初期の研究では,「光の点滅に対する反応の速さ」や「小さな音の聞き取り」を検査したり,時には握力や頭囲までも測定して,頭の良さを客観的に捉えようとしていた。「知能」は形のないものである。それをデータとして捉えるため,研究者たちはさまざまな試行錯誤を重ねていたのである。

A. 知能検査という発明

そうした経緯をのりこえ,知能に対する体系的な検査を開発することに成功したのがフランスのビネーである。ビネーが知能検査の研究に取り組んだのは,フランス政府が1881年に学校の義務教育制を定め,特殊教育を要する子どもを判別するための検査を開発する必要性が生じたからである。ビネ

表7.1　ビネーーシモン知能検査の項目例

3歳	10歳
・2つの数字の復唱 ・絵を見て物の名を言う ・自分の目, 耳, 鼻を示す	・5つの箱を重さの順に並べる ・図形を記憶して模写する ・不合理な文章の批判（例："私には3人の兄がいます。ポールとアーネストと私です"）
4歳	12歳
・3つの数字の復唱 ・物（鍵など）の名を言う ・2本の線の長いほうを選ぶ	・3語（パリ, 川, 幸運）を使い一文を作る ・3分間に60語以上を言う ・抽象語（慈善, 正義など）の定義
5歳	15歳
・2つの箱の重いほうを選ぶ ・正方形の模写 ・10音節の文章の復唱	・7つの数字の復唱 ・絵を見て解釈を答える ・26音節の文章の復唱

ーは，共同研究者のシモンとともに1905年にビネーーシモン知能検査を発表した。その内容は**表7.1**のようなものである。

　ビネーのアイデアの画期的な点は，知的能力の判断基準に「年齢」を用いたことである。つまり，「5歳児の大多数ができること」「8歳児の大多数ができること」を検査項目として用意しておき，その達成度をみることで，その子どもの知的能力が何歳相当のものかが判断できる，という形式をとったのである。例えば，実年齢が8歳である子どもが5歳相当の検査項目がまったくできない，ということであれば，その子には一定の知的な発達の遅れがあると判断されることになる。個人の主観的な判断に頼るのではなく，統一的な基準で子どもの知的能力を判定することを可能にした，大きな発明である。

　ビネーの知能の考え方はのちの知能研究に大きな影響を与えた。ビネーの考えを拡げていくと，精神発達の年齢すなわち「精神年齢」と，実生活上の年齢すなわち「生活年齢」を比較すれば，その人の知能の高さが把握できることになる。しかも年齢は数字で表すことができるので，知能を数値として表すこともできることになる。シュテルンは，この発想に基づいて，知能を数値として表す知能指数を，以下の公式で表した。例えば生活年齢が10歳

で精神年齢が8歳であれば，IQ＝（8／10）×100＝80となる。

$$知能指数（IQ）＝\frac{精神年齢}{生活年齢}×100$$

　この知能指数というアイデアは，アメリカのターマンによって実用化され普及した。ターマンは，ビネー式の検査をアメリカ人向けに再構成してデータをとり，その検査結果として知能指数が算出できるよう整えた。ターマンたちが開発したスタンフォード–ビネー知能検査は，知的な遅れがある子どもだけではなく，知的に優れた子どもを同定することにも用いられた。また，検査対象は成人にも広がった。

　普及するにつれ，知能検査はさまざまな目的で使われるようになった。ビネーの当初の目的は子どもの支援や教育であったが，用途が拡大して以後は，軍の入隊者の処遇の判断や，移民の受入れ可否の判断に用いられたりもした。性別や人種による知能指数の点数差が話題になることも多く，差別や優生思想をめぐる議論に巻き込まれることもある。知能検査や知能指数という発明には，人の序列化や社会の分断の材料にされてしまう危うさがある。

　なお日本では，ビネーの知能検査が公開されて数年後にはビネー式検査が紹介され，日本語版の開発もなされた。その中でも鈴木治太郎による鈴木ビネー知能検査（初版1930年，改訂版2007年）は，開発から累計16,000人以上のデータを蓄積したことで著名である。また，田中寛一による田中ビネー知能検査（初版1947年，最新第5版2003年）は定期的な改訂を重ね，国内の児童相談所等における知的障害の判定をはじめ，よく用いられる検査となっている（なお，第5版では上記公式に基づくIQの算出方法に加え，後述の偏差IQの算出も併用されている）。

B. 知能の多面性・相対性

　ビネー式の検査が普及すると，その限界や問題点も議論されるようになった。それを踏まえ，ウェクスラーは1939年に新たな知能検査を提案した。現在，成人用はWAIS（Wechsler Adult Intelligence Scale），児童用はWISC（Wechsler Intelligence Scale for Children），幼児用はWPPSI（Wechsler Preschool and Primary Scale of Intelligence）としてそれぞれ開発されている。

　ウェクスラー式の知能検査の第1の特徴は，知能の数値化のしかたを変えたことである。従来の「精神年齢／生活年齢」というIQの算出式にはいくつかの問題がある。例えば，計算上では「3歳／4歳」と「12歳／16歳」が同じ知能指数になってしまうが，両者を同程度の知能とみなすことは難しいことがわかるであろう。この点をふまえ，ウェクスラー式検査では，偏差IQの考え方が導入された。従来のようにIQを「この人の知的能力は何歳相当か」という年齢の基準から判断するのではなく，「この人の知的能力は同年代の人たちの平均と比べてどのくらい高い／低いか」つまり「偏差」で判断する考え方である。偏差IQは次の公式に，各個人の検査の得点をあてはめることで表される。

$$偏差\mathrm{IQ} = \frac{(各個人の得点 - 当該年齢段階の平均点) \times 15}{当該年齢段階の標準偏差} + 100$$

　この式では偏差IQの平均が100，標準偏差が15になる。つまり100±15の範囲（85〜115）に同年代の約7割（68%）が入ることになる（**図7.1**）。ちなみにこの式は大学受験などで広く利用される「学力の偏差値」と同じ発想である。学力の「偏差値」は基本的に平均が50，標準偏差が10になるように設定されている。数値の目盛りの取り方が違うだけで考え方は同じである。

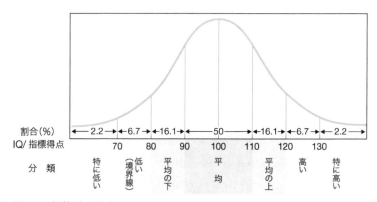

図7.1　偏差IQの分布

表7.2 WAIS-IVの検査内容（＊は補助検査）

指標得点	項目	内容
言語理解	類似	二つの言葉の共通点を答える
	単語	絵の名前や単語の意味を答える
	知識	「〜は何か」など一般的な知識を答える
	理解＊	「〜するのはなぜか」など一般原則や社会状況の理解について答える
知覚推理	積木模様	見本と同じ模様を2色の積木で作る
	行列推理	上下左右の関係からマトリックスの空欄を埋める図を選ぶ
	パズル	見本の図を作るためのピースを選ぶ
	バランス＊	天秤が釣り合う重りを選ぶ
	絵の完成＊	絵の中の欠けているものを答える
ワーキングメモリー	数唱	耳で聞いた数字を復唱する
	算数	算数の文章題を暗算で答える
	語音整列＊	耳で聞いた数字とかなを順番に並べる
処理速度	記号探し	多くの刺激の中から見本の記号を探す
	符号	数字を見て対応する記号を書き写す
	絵の抹消＊	様々な図形の中から特定の図形を探す

　ウェクスラー式の検査の第2の特徴は，知能を多面的に捉える点である。人間には「全般的な知的能力の高さ／低さ」とは別に，「国語は得意だが，数学は苦手」とか，「暗記は得意だが，文章理解は苦手」といった個人の内側のばらつきがある。**表7.2**に，成人用ウェクスラー式検査第4版（WAIS-IV）の下位検査をリストした。すべての検査が何らかの「知的能力」の高さを反映するのと同時に，例えば「類似」と「符号」の検査では，測定される能力が大きく異なることがわかるであろう。「知能」という大きな一つの能力だけを想定するのではなく，それをいくつかの側面に分けて捉える発想は，

ビネー式検査の元々の発想にはなかったものである。

　WAIS-Ⅳでは，すべての検査を1つにまとめた全検査IQだけではなく，いくつかの下位検査をまとめて，4つの指標得点（第3版では群指数とよばれる）を算出する。知能を4つの得点で表現することで，例えば"この人は処理は早いが，言語理解は不得手"といった細やかな理解が可能になる。特に，指標得点同士の差（ディスクレパンシーとよばれる）や，特定の下位検査同士の差は，その人の知的能力のバランス・アンバランスを表す大切な数値である。一定の基準以上に大きな得点差は，慎重な解釈の対象となる。こうした構造は児童用・幼児用の最新版であるWISC-ⅣやWPPSI-Ⅲでもおおよそ同様である。

　なお，知能検査の形はその時々の時代的要請や研究上の最新知見を踏まえながら，改訂が続けられている。例えばウェクスラー式検査で「4つの指標得点（群指数）」が導入されたのは成人用でWAIS-Ⅲ以降，児童用でWISC-Ⅳ以降である。それ以前の版では4つではなく言語性知能と動作性知能という2指標で表現されていた。動作性知能は，従来のビネー式の検査が「言語」に依存しがちであったことの反省から生まれたものであり，この2指標は当時の現場の実践を大いに助けるものであった。しかしながら，多様な検査で多様な知的能力が測定され，知能を構成する基本的な因子に関する統計的な研究が進むにつれ，現在のウェクスラー式では，4つの因子で考えるモデルが採用されるに至っているのである。なお，ビネー式検査の中でも近年の改訂版では知能をいくつかの領域で捉えるものが開発されている。知能の概念も検査の形も，見直され，姿が変わっていくものなのである。

　また，知能検査にはビネー式やウェクスラー式以外にも，たくさんの検査がある。例えば，子どもの得意な認知処理様式を把握して学習指導などに生かすことを目的とした検査として，K-ABC（Kaufman Assessment Battery for Children：初版1983年，最新版KABC-Ⅱは2004年）がある。この検査は，連続した刺激を一つずつ順番に処理する「継次処理」の能力と，複数の刺激をまとめて全体として捉える「同時処理」の能力を分けて捉えることができる。それによって，子どもの得意な認知処理様式に合わせた学習指導（部分的・段階的に教えるか，全体的・視覚的に教えるかな

コラム 認知機能検査

　認知症（次頁のコラム参照）の早期発見や診断補助を目的にして，認知機能を測る検査もいくつか提案されている。

　日本国内でよく使われる改訂版長谷川式簡易知能評価スケール（HDS-R）は，対象者の認知能力を10分程度の質問（「お年はいくつですか」「100ひく7はいくつですか」等）で調べて，認知症の可能性を評価する検査である。国内外で広く使用されるMMSE（Mini Mental State Examination）もHDS-Rによく似た認知機能を評価する検査である。図形模写や書字作文，「紙を折ってください」のような口頭指示など，検査内容がHDS-Rとは異なる能力に及んでいるため，得られる情報も異なっている。またアルツハイマー病（3章コラム参照）の症状評価に特化した検査としてはADAS-cog（Alzheimer's Disease Assessment Scale-Cognitive Subscale）がある。アルツハイマー病で早期から障害されやすい記憶，視空間認知などを中心にした評価が行われるよう構成されており，薬剤の効果をみるなど経過観察にも用いられる。

ど）が提案できるところに利点がある。知能の概念やその検査方法が，支援のニーズや目的に合わせて応用されている一つの例である。

C. 知能検査の臨床的活用

　知能検査は大きく二つの目的で活用される。一つ目は，知的障害などの診断や判定である。アメリカ精神医学会の「精神障害の診断・統計マニュアル第5版（DSM-5）」によると，知的能力障害（知的発達症／知的発達障害ともよばれる。第4版では精神遅滞とよばれた）の診断には，「標準化された知能検査によって確かめられる…（中略）…知的機能の欠陥」が一つの基準となる。これはIQにして70（平均から標準偏差二つ分）を下回るかどうかが一つの目安となる。ただし実際の診断は，IQだけでなく社会への適応や自立，支援の必要性などを含めて行われ，軽度から最重度までの評価がなされる。なお，これは医学的診断の話であるが，日本の障害年金や療育手帳（愛の手帳，緑の手帳などとよぶ自治体もある）制度などの行政上の用語としては知的障害という語が用いられている。国による画一的な判定基準はな

いが，知能指数を基準とするほか，生活・療養・適応など複数の側面から総合的に判定がなされることが多い。こうした診断や判定に基づいて，適切な医療的・教育的・福祉的な支援が検討されることになる。

　もう一つの活用法が，個人の知的能力の特徴の把握である。先述のような知能の全体的な高低や障害の有無にかかわらず，個人の知的能力の得意・不得意を理解し，それを活用するケースは多い。WAIS-Ⅳのモデルで例を挙げよう。例えば「言語理解」が高いが「処理速度」が低い人の場合，言葉が豊かなので全般的に業務能力が高くみえるかもしれないが，いざ作業を始めるとほかの人よりスピードが遅い，ということも起こるかもしれない。それが「あの人は口ばかりで手を動かさない」といった周囲の困惑や反感につながったりすると，本人にも周囲にも辛いことである。そうしたとき，もし検査結果を元に「時間的に切迫する作業は苦手だが，十分な作業時間が確保できれば能力を発揮できる」といった情報の共有ができれば，本人の自助力が高まったり，周囲からの建設的な対応につながったりする可能性が生まれる。

コラム　認知症

　知的能力障害は発達期早期にあらわれる状態であるが，認知症は一定の発達を遂げた後に起こる後天的な問題である。認知症は，さまざまな原因で脳の神経細胞に変性や脱落が起こり，記憶や判断などの認知機能が以前より明らかに低下し，日常生活を送る上で支障が出ている状態をいう疾患である。中核的な症状としては，物事を覚えられなくなったり，思い出せなくなる「記憶障害」，考えるスピードが遅くなったり，家電の操作や金銭の扱いなどができなくなる「理解・判断力の障害」，計画や段取りを立てて行動できなくなる「実行機能障害」，時間や場所，人との関係がわからなくなる「見当識障害」などがある。認知症の症状をきたす疾患は数多いが，最も多いのは脳の萎縮を伴う「アルツハイマー病（3章コラム参照）」であり，次いで脳血管の梗塞や出血による「血管性認知症」，異常なたんぱく質（レビー小体）の増加による「レビー小体型認知症」が多くみられる。高齢になるほど生じやすい疾患で，65〜69歳での有病率は1.5％であるが，85歳では27％に達する。認知症は本人だけではなく介護者や家族にも大きな影響を与える疾患であり，その対応はこれからも高齢化が進んでいく日本社会にとっての重大な課題である。

特にこれは，発達障害や学習障害（ともに8章参照）のある人の支援におい
て重要であろう。

D. 知能という概念の拡大

　ここまで既存の知能検査を中心に，知能について論じてきた。しかし上述
のような知能検査が測定する知能は，狭い意味での「頭の良さ」に限られて
いる。スターンバーグは，何かの分野で活躍する人や，人生を賢く生き抜く
人のもつ「知能」は，知能検査で測れるものを大きく超えていることを指摘
している。従来の知能検査や，学校の多肢選択式の学力テストなどで測定さ
れるのは，分析的知能とよばれるものの一部にすぎない。分析的知能は，問
題の分析・評価・比較・判断に関わる能力である。現実世界では，問題を細
かく抽象的に分析・評価する能力だけでは，うまくやっていけない。むしろ，
既存の概念にとらわれずに創造・発明・発見・仮想を行う創造的知能や，ア
イデアを現実世界に落とし込んで実行・応用につなげていく実践的知能も重
要になる。例えば，ある病院で新しいイベントを企画する場合であれば，地
域のニーズや年齢層を調査して課題を洗い出すのが分析的知能，いままでに
ない新しいテーマやアイデアを提案するのが創造的知能，実現可能な計画を
立案して準備作業を進めるのが実践的知能，ということになるであろう。ス
ターンバーグはこの3種を想定した知能の三頭理論を提唱し，この3種をバ
ランスよく活用できる「成功知能」の重要性を説いている。実際に，この3
種の知能を測る検査を開発して調査を行い，大学生のGPA（グレード・ポ
イント・アベレージ）の高さは，高校時の成績や入試の点数だけでは予測で
きず，3種の知能を含めたほうが予測の精度が良くなることを示している。
また，この3種の知能を育む教育を提供する大規模な教育プロジェクトを実
施し，対象児童の成績の向上がみられていることを報告している。

　また，問題を賢く創造的に解決する力があったとしても，実際に困難に直
面すると，人間の中には不安や怒りなどさまざまな感情が沸き上がり，それ
に翻弄される。現実をうまく生き抜くためには，「自分自身や他人の感情，
欲求を正確に理解し，適切に対応する能力」も必要となる。この能力は感情
（情動）知能（Emotional Intelligence）とよばれる。一般には「心の知

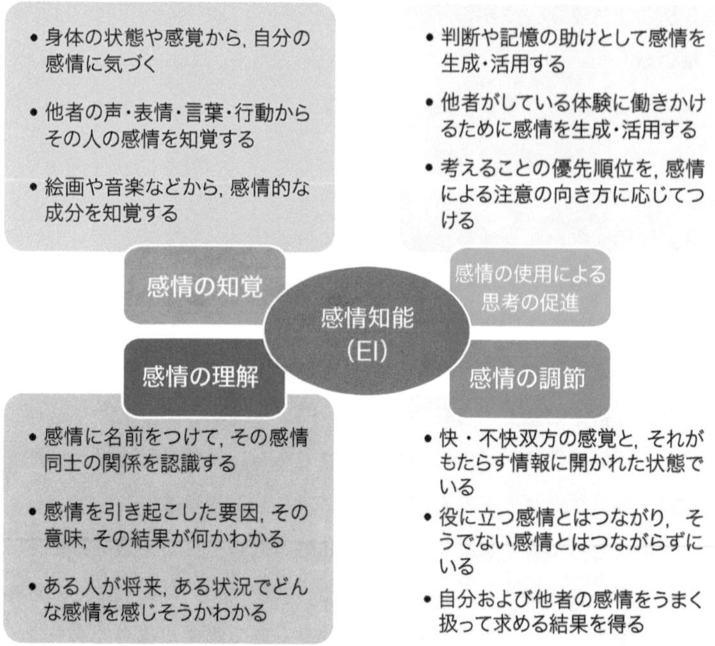

図7.2　感情知能の4要素

能指数：EQ」として紹介され，広く知られるようになった概念である。感情知能の代表的な研究者メイヤーとサロヴェイは，感情知能を**図7.2**にある4つの要素で捉えた。これまでの研究から，感情知能の高さは，人間関係の良さ，他者からの肯定的評価，家族や親密な人との良い関係，学業成績の良さ，仕事の成果の良さ，心理状態の良好さなどいろいろな関連が示されている。感情とうまく付き合うことは，質の良い生活につながるようである。

　なお感情知能は，医療・看護・リハビリなどの対人援助業務にとっても重要な能力である。問題を抱えた人と対面するとき，援助者の側にもさまざまな複雑な感情が生じるのが常である。その感情は快いものばかりではないが，目を背けるべき邪魔なものではない。感情は，状況の理解を助け，思考や判断を深く的確にするエネルギー源であり情報源である。人と向き合う中で生じた感情を素直に感じ取り，その意味を的確に理解し，理性と感情をうまくまとめ上げた上で判断や行動を行うことは，どの職業においても求められる

大切な能力である。

　性格（パーソナリティ）という概念もまた，知能と同じく捉えがたいものである。知能も性格も同じく，直接見たり触ったりすることはできない曖昧なものである。しかし人間は，はるか昔から性格について考え続けてきた。

　例えば紀元前400年代，"医学の祖"といわれる古代ギリシャのヒポクラテスは，脳へ流入する体液が精神の病に関係すると考えた。そこからガレノスは「多血質」や「黒胆汁質（メランコリック）」といった体液に基づく性格の分類論を提唱している。また紀元前300年代の哲学者アリストテレスは，顔の人相と性格の関係を論じたといわれている。多くの学者たちが，性格の個人差を客観的に把握しようと苦心していたようである。

　実証的なデータを用いた初期の性格研究としては，クレッチマーによる「体格と性格」の研究が有名であろう。彼は，精神疾患の患者の観察から，ある疾患にはある体型の患者が多いと考えた。体型を測定して分類し，統合失調症はやせた「細長型」，躁うつ病は太った「肥満型」，てんかんは筋肉質な「闘士型」の人が多い，などといった理論を提唱した。さらに細長型の人は内気で臆病な分裂気質，肥満型の人は社交的で活発な循環（躁うつ）気質，闘士型の人は几帳面で執着しがちな粘着気質といったタイプで分ける性格論も発展させた。現代ではクレッチマーの体型論は，単純すぎて再現性も乏しいことから実用されることはないが，初期の実証的な試みとして重要である。

A. 言葉と性格特性

　性格はそもそも日常的な概念である。研究者でなくとも，私たちは「彼は短気な性格だ」とか「彼の人柄はおだやかだ」とか，口々に人の性格を語る。私たちの言語には人の性格を表す言葉が本当にたくさんある。

　そこでこの「性格を表す言葉」を対象として性格の研究を試みたのがオルポートである。彼は英語辞典の中から人間の性格を表す語を抽出し，それをさらに集約することで，ある文化に共通する特性を見出そうとした。最終的

に性格の特性を表す語を4,504語も抽出して，1936年に発表した。特性それ自体は目に見えないものだが，性格を構成する「要素」として位置づけ，一人一人の人間の個性を特性の集合体として理解できると考えたのである。

　特性概念に基づく性格理論（特性論）を用いると，ある人物の性格を言い表すときに，「彼は外向性は高く，服従傾向も高いが，利他性は低い」といったように，多面的な表し方ができる。これは，「Aさんは躁うつ気質のタイプで，Bさんは粘着気質のタイプだ」といったように，一人ひとりを何らかのタイプ（類型）に当てはめて分類する類型論よりも，精緻な表し方である。類型論は理論が単純で人物像もイメージがしやすいが，特性論のほうが情報が豊かでより個別的な理解をもたらす。また後述のように数量化にも適しているため，特性論的アプローチはその後の科学的な性格研究の主流となっている。ただしオルポートは，個々に多様な人間に対して，同じ特性語をあてがおうとすること自体，無理のある人工的な作業であることも指摘している。個々の人間の性格は，特性語や評定値で表される以上に個別的で豊かな過程を含んでいることには留意が必要である。

B. 統計による性格研究

　統計学の発展とともに，相関分析や因子分析が性格の研究にも適用されるようになった。その初期の担い手が，キャッテルである。例えば，「人を攻撃する」「自慢する」「利己的にふるまう」という3つの異なる行動について考えてみよう。これらは行動の形こそ違うが，「人を攻撃しがちな人は，自慢もしがちだし，利己的にもふるまいがち」という関係にあるかもしれない。もし行動どうしにそういった共変関係があるとするならば，元々ある一つの要因が人の心の内側にあって，それが3種の違う形で外側に表出されているだけだ，と考えることができる。この心の内側の要因こそがその人の「性格因子」であると考えることができる（**図7.3**）。そしてこれを逆算的に考えると，たくさんの行動データを幅広く集めて，データどうしの共変関係をみていくと，いくつかの性格因子を抽出することができる。これをコンピューターを用いて統計的に解析するのが因子分析という手法である。ある因子はある行動と関連が深い（図7.3の実線），ある因子は他の行動とはあまり関

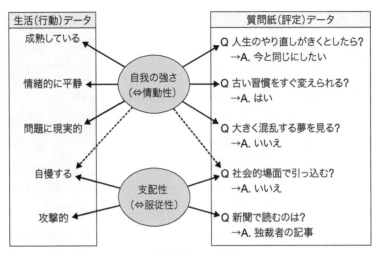

図7.3　性格因子と生活データ・質問紙データの関係

連がない（図7.3の破線），といったことがわかるのである。

　キャッテルは性格の測定データとして，生活や行動上のデータ（Lデータ）だけでなく，自分について評定する質問紙データ（Qデータ）や，テスト課題や実験的刺激を用いて測定するテストデータ（Tデータ）などを用いて研究を行った。オルポートの特性語リストを用いた質問紙データによる研究も行っている。そうした研究からキャッテルは，「服従的―支配的」「保守的―急進的」「低緊張―高緊張」など，16個の性格の「因子」を見出して提案している。これは，16PF（personality factor）人格検査という形で出版され（初版1949年），日本を含め世界で広く活用されるに至った。

C. 性格の5大因子

　キャッテルは性格の基本的な因子の数を16とも，さらに高次でまとめて4とも考えていた。その他の研究者も，性格の因子がいくつなのかという議論を続けていた。長い議論を経て，現代最も広く認知されているのは5因子モデルである。1990年代にゴールドバーグは，改めて行われた辞書の性格語の分類研究などを元に，大学生の性格の自己評定・仲間評定データを収集し，それに対して因子分析を行った結果，5つの因子を見出した。そしてこ

表7.3 性格のビッグ・ファイブとその関連要因

	意味や特徴	健康やライフスタイルとの関連
Neuroticism（N）神経症傾向／情緒不安定性	心配性，うろたえやすい ⇔冷静，気分が安定	抑うつ症状（＋＋），主観的幸福（－－），孤独感（＋＋），仕事の満足感（－），対人逸脱行為（＋）
Extraversion（E）外向性（⇔内向性）	活発，外向的 ⇔ひかえめ，おとなしい	主観的幸福（＋＋），孤独感（－－），仕事の満足感（＋）
Openness to Experience（O）経験への開放性	新しいことが好き，変わった考えをもつ ⇔発想力に欠けた，平凡	科学者の創造性（＋），芸術家（＋）
Agreeableness（A）協調性／調和性	人に気をつかう，やさしい ⇔他人に不満，もめごとを起こしやすい	孤独感（－），対人逸脱行為（－），性的リスク行為（－），攻撃（－－）
Conscientious-ness（C）誠実性／勤勉性	しっかり，自分に厳しい ⇔だらしない，うっかり	主観的幸福（＋），孤独感（－），攻撃（－），アルコール問題（－），インターネット依存（－），学業成績（＋），仕事の成果（＋），仕事の満足感（＋），科学者（＋），芸術家（－－）

カッコ内の＋と－は，複数の研究で得られた正と負の関連を示す。＋＋と－－はより強い関連を示す。

の5因子が，その他複数の研究でも一貫してみられることを確認し，これを性格のビッグ・ファイブとよんだ（**表7.3**）。

　5因子モデルはその後，マクレーとコスタによる調査によっても再現されている。彼らは後述のアイゼンクのモデルを拡張して5因子を設定し，英語圏以外にヨーロッパ各国，日本や韓国，ポリネシア，チベットなど多様な文化圏で同じ5因子がおおむね確認できることを報告している。この5因子は，人間の性格の個人差を捉える基本的次元として広く活用され，健康や病理，対人関係，行動傾向などさまざまな要因との関連が研究されている。

　もちろん「5」という因子数は絶対的なものではない。6とするモデルも

あれば，4，3，2，1と，もっと少ないモデルもある。どのくらい詳細もしくは大まかに人の性格を理解したいか，によって適用されるモデルが異なるだけ，ともいえる。しかしながらこの5因子モデルが最も広く活用され，幅広い展開を示していることは間違いないであろう。

D. 性格と身体・気質

しかし一方で，言葉や統計的な因子のみを議論するだけでは，「なぜあの人は，たくさん他者に話しかけるのか」といった，人の行動の個人差の「なぜ」を説明することは難しい。因子分析のモデルに基づいて「それは外向的だからだ」と説明することもできるが，さらに「では外向的なのはなぜか？」と問いかけると「それはたくさん人に話すからだ」と，説明が堂々巡りに陥ってしまう。

この心の個人差が生まれる背景を説明するために，脳や身体の生物学的な個人差を想定した研究も多く展開されている。その初期の研究者として著名なのがアイゼンクである。アイゼンクの初期の理論では，性格は主に二つの次元が想定された。一つが，活動的・社交的・冒険好きなどの傾向を表す外向性－内向性の次元である。もう一つは，刺激に対して強い情緒的反応を示すかどうかを表す情緒安定性－不安定性（神経症傾向）の次元である。この二つは多くの性格理論で繰り返し言及されてきた次元であるが，アイゼンクはそれぞれの背景に脳の仕組みを想定したところが特徴である。外向性は，脳幹や網様体を中心とした脳の「覚醒」のレベルによる違いによるものと考えられた。内向的な人は少量の刺激で興奮するため刺激が強い状況から離れがちであり，外向的な人は容易に刺激されないため，より強い刺激を求めようと社交や冒険を求めるとされる，と説明がなされた。神経症傾向は自律神経系ないし大脳辺縁系の興奮しやすさと関連づけられて論じられた。なお，この2次元に加えて，衝動性，攻撃性，冷たさなどを特徴とする「精神病傾向」という次元ものちに追加されたが，これには議論や批判が多い。アイゼンクは多数の検査も作成しているが，初めの2次元モデルを用いたモーズレイ性格検査（初版1959年）は，日本語版も作成されており広く知られている。なお，アイゼンクは性格と病気の関連など幅広い研究をしたが，近年，

関わった研究の一部の信憑性に強い批判が集まっている。性格研究の歴史上，重要な知見を多く残しているが，その業績には今後再評価がなされていくであろう。

　グレイは，1970年代からアイゼンクの理論を発展的に再構築した理論を提唱した。グレイは，学習理論（2章参照）における2種類の強化刺激，罰と報酬に対する感受性の個人差に着目して，二つの次元を想定した。一つが，罰や脅威となる刺激から個人を遠ざけるよう行動を抑制する仕組みである行動抑制システム（Behavioral Inhibition System：BIS）である。これは「不安」を司る仕組みであり，脳のセロトニン系や右前頭葉などの活動の高さとの関連が想定されている。もう一つが，目標や報酬への接近行動を活発化させる行動活性システム（Behavioral Activation System：BAS）である。こちらは衝動性を司る仕組みであり，ドーパミン系・左前頭葉などの活動の高さと関連が想定されている（図7.4）。

　なお，アイゼンクもグレイも，精神病理を説明することを視野に入れてモデルを構築している。例えば，グレイのモデルに基づくと，不安や抑うつといった問題は，行動活性システムの弱さおよび行動抑制システムの強さと関連することになる。また，躁状態とうつ状態を波のように行き来する双極性

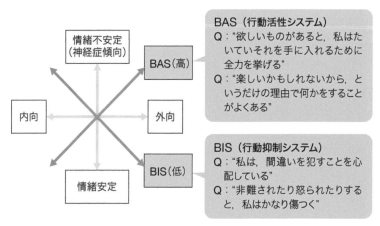

※Q は BIS/BAS 尺度（高橋, 2007）の項目例

図7.4　アイゼンクとグレイの理論モデル（Gray, 1981より作成・追記）

性格のタイプ論の臨床的活用

　本文中では，類型論より特性論のほうが主流となっていると述べたが，パーソナリティ障害のモデルは現在も類型論となっていることには注意が必要である。「○○タイプ」を想定する類型論は，生き生きとした典型的な人物像を思い描きやすく，さらにその人の内的な心理過程にも想像が及びやすいため，治療仮説を立てやすいという利点がある。そのため，臨床現場では引き続き類型論的なパーソナリティ障害の概念が重宝されているのである。しかし一方で近年，パーソナリティ障害の概念をビッグ・ファイブ・モデルで再構築すべきという議論も交わされている。DSMが第5版へと改訂される際には，その本格的な採用は見送られたが，今後の研究が必要な課題として取り上げられている。そのため，将来的には現代とはまったく異なるパーソナリティ障害の診断システムが主流となっている可能性もあるのである。

障害については，行動活性システムの調整不全として理解ができるといわれている。つまり行動活性システムに過剰な敏感さがあり，報酬刺激によって行動活性系システムが過剰に刺激されれば躁状態になる一方で，失敗体験があると今度は行動活性系がシャットダウンしてしまってうつ状態になる，と考えられている。問題の背景にある生物学的な傾向に目を向けることは，新しい理解を拡げてくれる。近年では，ビッグ・ファイブ性格と脳の個人差の研究も進んでおり，今後の発展が期待されている。

E.「障害」とされる性格

　知能と同じく，あらゆる性格は「多様性」の一つにすぎない。しかし，行動や感情がある種の極端さをもち，それが当人を著しく苦しめたり，社会的な適応を困難にしている場合，それをパーソナリティ障害とよんで，支援や治療の対象とすることがある（原語はpersonality disorderだが，かつては人格障害とも訳されていた）。DSM-5では，10種が**表7.4**のようにまとめられている。

　パーソナリティ障害に共通する問題は，自己理解の不確かさや独特な対人関係であるといえる。そのため，そもそも何が問題なのか，当人と共有する

表7.4　パーソナリティ障害の10分類（DSM-5より）

A群	特　徴
猜疑性 シゾイド 統合失調型	他者の心を悪意あるものと解釈しがちで, 不信と疑い深さが特徴 人間関係から離脱しがちで, 感情表現が少なく, 一人を好む 奇妙な信念や魔術的思考をもち, 行動は風変りである
B群	特　徴
反社会性 境界性 演技性 自己愛性	他者の権利を無視・侵害し, 規範を破り, 無責任な行動をとる 自己像や感情は不安定, 対人関係は理想化とこき下ろしの両極端 感情的で人の注意を引こうとし, 誘惑や挑発的な行動をとる 誇大な自己感へのとらわれ, 賞賛欲求, 共感の欠如を特徴とする
C群	特　徴
回避性 依存性 強迫性	他者からの批判や拒絶を強く恐れ, 重要な対人関係さえ回避しがち 面倒をみてもらうことへの過剰な欲求と, しがみつく行動 秩序や完璧さにとらわれ, 柔軟性や効率性が犠牲になる

ことが難しかったり, その問題に取り組む治療関係を築くこと自体が, 難しいことが少なくない。例えば, 境界性パーソナリティ障害の中核には, 「見捨てられる不安」があるとされ, それを感じることを避けるためにありとあらゆる行動をとることを特徴とする。また, 他者を過剰に理想化したかと思うと同じ人物をこき下ろす, といった激しく不安定な対人関係を示す。多くの場合, 友人・恋人・家族らとの関係でこれらの問題が発露することが多いが, 治療者との関係においてもそれが再現されることになる。治療者との間で, 小さなことから見捨てられ不安が喚起され, それを避けるための理想化やこき下ろしが起こったり, 激しい行動上の問題（自傷行為や薬物乱用など）が生じることもある。治療関係も激しく不安定になりやすい。

　治療や支援においては, 粘り強い対応が必要になる。当人がそのときどきの苦痛な感情に耐えながら, 自分や他者の否定面と肯定面を統合していけるような関わりが求められる。そのプロセスは「治療」というよりは, 「育ち」の支援であるといわれるほど, 長期的な視野が必要なものである。また医師・看護師・心理師など, 支援者相互の連携や支え合いも重要となる。

　サイコパシー（サイコパス）は，冷酷さ，希薄な感情，利己性，無責任，表面的魅力などを特徴とする性格である。映画や小説などでも，冷徹な犯罪者の性格として描写されることも多く，悪評を集めやすいサイコパシーであるが，近年の研究からは，生物学的な脳の特質から生まれるものと理解されている。サイコパシー傾向の高い者には，前頭葉や扁桃体の機能不全などがあり，それによって反応的攻撃の制御や不快情動学習などが阻害されている可能性が指摘されている。種々の議論はあるが，その冷酷なパーソナリティ像の背景には，本人にとっても御しがたい神経学的な基盤があるのかもしれない。

7.3節　知能・性格と遺伝の関係

　知能も性格も，それが生まれつきのものであるのか，それとも親の育て方や育った環境によるものなのか，という議論がしばしばなされる。このことを最も実証的に研究しているのが，行動遺伝学における双生児の研究であろう。

　そこでは主に，一卵性と二卵性の双生児が比較される。双生児が同じ親元で育てられる場合，一卵性でも二卵性でも，「2人が同じ環境で育つ」という点は共通している（これを共有環境という）。かたや遺伝の部分に着目すると，一卵性の2人は一つの受精卵から生まれているので「遺伝子は100％同じ」となる。二卵性の2人は，同じ親から生まれていても，別々の卵と精子のペアから生まれているので，いわば「同時に生まれたきょうだい」であり，「遺伝子は平均して50％同じ」となる。

　この前提で，一卵性と二卵性で知能検査や性格検査の得点を比較すると，知能や性格に対する環境や遺伝の効果が推測できる。双生児のペア同士で，各得点がどの程度の相関（一方が高いともう一方も高い，といった共変関係）があるかをみると，「二卵性より一卵性のほうが相関が強い」ことが，多くの場合明らかとなる。当たり前のようだが，これは重要な事実である。仮に人の知能や性格が，完全に「育った環境」によるものなら，「一卵性でも二卵性でも相関は同程度」になるはずである。一卵性と二卵性の間にみられた相関の強さの違いは，遺伝の影響による違いとしか解釈できないのである。

表7.5 性格(ビッグ・ファイブ)の遺伝率(Bouchard&McGue(2003)をもとに作成)

	遺伝	共有環境	非共有環境
外向性	54%	—	46%
協調性	42%	—	58%
勤勉性	49%	—	51%
神経症傾向	48%	—	52%
経験への開放性	57%	—	43%

※共有環境は0か0に近い値のため想定されない

表7.6 年代ごとの知能の遺伝率(Haworth et al.(2010)をもとに作成)

	遺伝	共有環境	非共有環境
児童(平均9歳)の知能	41%	33%	26%
前期青年(平均12歳)の知能	55%	18%	27%
後期青年〜成人(平均17歳)の知能	66%	16%	19%

　しかも多くの場合，一卵性と二卵性の相関の差は大きい。これを大規模なデータで分析した多くの研究で，人間の性格のおよそ40～50%程度が遺伝の影響で説明されるといわれている（**表7.5**）。しかも，分析結果の多くは，共有環境，つまり育った家庭の効果が非常に小さいことを報告している。また知能については，遺伝の影響がより大きい傾向があるといわれている（**表7.6**）。特に年齢を重ねるほど，その遺伝の影響は大きくなる。小さな頃は遺伝だけではなく共有環境（家庭環境）の影響もみられるが，加齢にともないその影響は低下していく。遺伝の影響と，双生児ペア間でも共有されない一人ひとりに特有の環境（非共有環境）の影響が顕著となるのである。

　上述のように，性格や知能に遺伝の影響が大きく，家庭環境（共有環境）の影響が小さいという知見は，ある種の驚きをもたらすかもしれない。しかしこのことは，私たちが家庭のあり方だけ規定されることのない本来的に多様な存在であることの表れでもあり，また自分自身が積み重ねてきた出会いや経験によって今の自分が作られていくという，可能性の広がりを表すものでもある。

　自分自身も含めて，ある人の性格や気質は，人間の多様なバリエーション

の中の一つである。一つ一つのバリエーションは本来，「これは良い」「これは良くない」といった価値や評価とは独立したものである。自分が自分であること，あの人があの人であることそれ自体を素直に受け止める心をもつことは，自分らしい生活を送るためにも，他者との出会いを楽しむためにも，大切なことである。本章でみてきた知能や性格の心理学は，そうした自己理解や他者理解を助けてくれるだろう。

引用文献
・Bouchard, T. J. Jr, McGue, M., Genetic and environmental influences on human psychological differences, *Journal of Neurobiology*, 54, 4-45, 2003.
・Haworth, C., et al, The heritability of general cognitive ability increases linearly from childhood to young adulthood, *Molecular Psychiatry*, 15, 1112-1120, 2010.
・高橋雄介他, Grayの気質モデル―BIS/BAS尺度日本語版の作成と双生児法による行動遺伝学的検討―, パーソナリティ研究, 15, 276-289, 2007.
・Gray, J. A., A critique of Eysenck's theory of personality. In: Eysenck, H. J. (Ed.), A model of personality, Springer, 246-276, 1981.

参考文献
・村上宣寛, IQってホントは何だ？―知能をめぐる神話と真実, 日経BP, 2013.
・J. R. フリン, なぜ人類のIQは上がり続けているのか？―人種，性別，老化と知能指数, 太田出版, 2015.
・D. ネトル, パーソナリティを科学する―特性5因子であなたがわかる, 白揚社, 2009.
・小塩真司, はじめて学ぶパーソナリティ心理学―個性をめぐる冒険, ミネルヴァ書房, 2010.
・牛島定信, パーソナリティ障害とは何か, 講談社, 2012.
・安藤寿康, 「心は遺伝する」とどうして言えるのか：ふたご研究のロジックとその先へ, 創元社, 2017.

第8章　人間の発達

　出生してから死を迎えるまでの間に，人間の心の機能はさまざまに発達を
遂げていく。産まれたばかりのときには言葉をもたない乳児が，数年の間に
言葉を覚え，一人前の会話ができるようになるのもその一つである（4章参
照）。発達心理学は生涯にわたる心の発達過程に焦点を当て，解明を試みて
きた。対人援助職には患者や要援助者の発達段階とその特徴を踏まえた適切
な対応が求められることから，生涯にわたる人間の発達過程の理解が必要と
なる。

8.1節　発達の基礎

A. 発達の要因

　そもそも発達はどのような要因から生じるのだろうか。遺伝論の立場では，
発達は遺伝的な性質が発現したものであり，極端にいえば産まれてからの経
験の有無は影響しないと考える。典型例として，ゲゼルの成熟優位説がある。
彼は一卵性双生児を対象に階段昇りの訓練を異なる時期に行い，その効果を
比較した。当初は先に訓練を受けた子のほうが高い技能をみせたが，後で訓
練を受けた子も訓練後は同等以上の技能を示した。さまざまな課題を試みた
結果，彼は経験（訓練）よりも心身の成熟こそが発達を規定すると主張した。
対照的に，身を置く環境の中で積み上げた経験を重視する環境論の立場もあ
る。すべての行動は生得的な反射と条件づけを通して獲得されると主張し，
遺伝がもたらす発達の個人差を軽視する行動主義とよばれるワトソンの立場
はその典型例である。その後，バンデューラが成立過程を明らかにした観察
学習（2章参照）も，環境が及ぼす影響の大きさを示している。現在では，
遺伝か環境かという極端な議論はなくなり，両方の影響を認めた上で（相互
作用説）その相互作用のありようについていくつかの説が提唱されている。

B. 人間の発達の特殊性と普遍性

　他の動物と比較すると，人間の発達の特殊性や共通点がみえてくる。ポルトマンは哺乳類を妊娠・出産の特徴から二つに類別した。就巣性の動物（ネズミなど）は妊娠期間が短く一度に多くの子を産む一方，子は未熟な状態で産まれる。離巣性の動物（ウマなど）は妊娠期間が長く一度に産む数はたいてい一頭に限られるが，子はある程度発達してから産まれる。ほとんどの霊長類が離巣性なのに人間だけが就巣性の特徴も併せもつ（二次的就巣性）のは，進化に伴う身体的制約が関係している。人間は進化過程で脳の容量が格段に増え，また二足歩行によって骨盤が変化し，産道が狭くなった。その結果，本来よりもかなり早く産まれる必要性が生じたという（生理的早産）。

　親（養育者）の保護なしには生存できないのは，他の動物も同様である。ローレンツによると，人間を含む多くの動物の赤ちゃんには体に比べ頭が大きい，額が前に突き出ている，目が大きく顔の中央より下にあるなど，「かわいい」と認識されやすい共通の身体的特徴（幼児図式）があり，養育者による世話を引き出すのに寄与しているという。また，彼がハイイロガンのヒナの観察から明らかにした刷り込み（2章参照）は，産まれて間もない臨界期とよばれる特定の時期に適切な初期経験を経ることが後追い行動の獲得に必要不可欠であることを示している。人間の知覚や言語，愛着の発達では，臨界期ほど不可逆的なものではないものの（鋭敏期），乳幼児期における経験が大きく影響している。

8.2節 ライフサイクル論と子どもの発達

A. ライフサイクル論

　生涯にわたる人間の発達過程は，新たな能力や機能を獲得する面と，これまで備えていたものを失う面との両面を含んでいる。エリクソンは一生を8つの発達段階に区分し，生涯発達のアウトライン（ライフサイクル論）を提唱している（表8.1）。各発達段階には克服すべき発達課題が葛藤（心理社会的危機）として示され，葛藤の両面をバランスよく経験することが次の段階での心理社会的危機への取り組みを容易にする。こうしてそれぞれの発達

表8.1 エリクソンのライフサイクル論

段階	時期	心理社会的危機
I	乳児期	基本的信頼 vs 基本的不信
II	幼児期前期	自律性 vs 恥, 疑惑
III	幼児期後期	自主性 vs 罪悪感
IV	児童期	勤勉性 vs 劣等感
V	青年期	アイデンティティ vs アイデンティティ拡散
VI	成人期初期	親密性 vs 孤立
VII	中年期	世代継承性 vs 停滞
VIII	老年期	統合 vs 絶望

課題を乗り越えていくことが，健康で適応的な性格（パーソナリティ）を形作ると考えた。以下，ライフサイクル論にも触れつつ，各発達段階の特徴をみていく。

i）乳児が備える能力

　誕生から1歳または1歳半頃までの時期を乳児期，特に生後1か月までの時期を新生児期とよぶ。乳児の運動能力は概して未熟であるが，生得的行動としていくつかの原始反射と定位反射を備えている（2章参照）。一方，知覚機能に目を向けると，新しい実験方法の開発によって乳児はかなり早い時期から発達した能力を備えていることが判明してきた。例として，視覚では複雑な刺激，特に人の顔を好むことや，早くから人の表情や視線に注目していることが明らかとなっている。聴覚では，生後6～8か月の乳児は日本語圏の人には判別の難しい/r/と/l/の音素の違いを容易に区別できるが，母語（日本語）が芽生え始める1歳頃にはそれが難しくなることがわかっている（4章参照）。

ii）愛着

　ライフサイクル論では，乳児期は身近な養育者の世話を受け，自分を取り巻く世界や自分自身に対する信頼の感覚（基本的信頼）を築くことを課題としている。一方，必要な世話を受けられず，自身の欲求が満たされない体験は基本的不信を生む。時に満たされない経験がありつつも全体として充足体験がそれに勝ることが，基本的信頼の獲得につながる。ボウルビィはこれを愛着（アタッチメント）の観点から論じている。乳児は泣く，声をあげる，見つめる，笑いかけるなど，さまざまなかたちでメッセージを訴える。養育者はそれに気づき，話しかける，笑顔で応じる，授乳する，抱きかかえるなどして応じる。こうしたやりとりを日々積み重ねる中で，愛着とよばれる養育者との間の情緒的な結びつきが次第に形成されていく（表8.2）。愛着が発達し形成される，「自分は養育者に助けてもらえる」「養育者は自分を受け入れてくれる」といった自己と養育者との関係についての主観的イメージは内的作業モデルとよばれる。内的作業モデルは養育者との関係だけでなく，対人関係全般のモデルとして機能し，その後の人生で築いていく対人関係にも影響を及ぼすとされる。

表8.2　愛着の発達

段階	時期	愛着行動
1	誕生〜3か月頃	人物を判別する能力が未発達であり，相手を問わず目で追う，手を伸ばす，声を発する，泣くなどの愛着行動を示す。
2	3か月〜6か月頃	人物の判別が進み，親を含む身近な人に対して愛着行動を積極的に示す。
3	6か月〜2，3歳	特定の人物への選好が強まる一方，見知らぬ人を恐れて避け（人見知り），養育者と離れるのを強く拒む（分離不安）。運動能力が発達し，養育者の後追い，抱きつき，よじ登りといった愛着行動が出現する。養育者を安全基地として，周囲を探索しては母親のもとに駆け寄る行動もよく観察される。
4	3歳〜	養育者との関係についてのイメージ（「母親はいつでも自分を守ってくれる」など）が形成され，養育者の多少の不在にも耐えられるようになり，愛着行動は落ち着いてくる。

エインズワースは，ストレンジ・シチュエーション法という子どもと養育者との分離－再会を含む人工場面の観察から，愛着を複数のタイプに分類している（**表8.3**）。愛着の個人差が生じる要因として，子の愛着行動に敏感に気づき，欲求を読み取る養育者の応答性が挙げられる。だが，産まれたばかりの乳児にもよく泣く／泣かない，敏感／鈍感，よく眠る／眠らないといった生得的傾向（気質）があり，それによって応答のしやすさや育てやすさは異なる。また，夫婦関係や経済状況，子育てのサポートが

表8.3　愛着の分類

タイプ	養育者との分離・再会場面での様子
A型 （回避型）	分離場面では混乱を示さず，再会場面では無視したり，避けたりする。
B型 （安定型）	分離場面では混乱を示すが，再会場面では接触を求め，情緒の安定を取り戻す。
C型 （葛藤型）	分離場面で激しく混乱し，再会場面では接触しようとしながら怒りをぶつけ，混乱はなかなか収まらない。
D型 （無秩序型）	接触していたかと思うと突然離れる，顔を背けながら近づくなど，接近と回避が同時に生じる。

コラム　愛着形成の歪み

　養育者からの虐待や養育者の頻繁な交代など，過酷で不安定な養育環境は愛着の発達を妨げ，心身の発達に悪影響を及ぼす。愛着障害はその極端な例であり，次の二つのタイプがある。反応性愛着障害は，辛い状況でも養育者を求めない，慰めにも応じない，他者との交流に乏しい，ポジティブな感情表現がみられないなどを特徴とする。脱抑制型対人交流障害は，見知らぬ大人にも分別なく接近する，過剰に馴れ馴れしい態度を示す，躊躇なくついていくなどを特徴とする。一般に，乳幼児の入院期間中は養育者（多くの場合，母親）の付き添いや同室入院が求められる場合が多いが，これには入院中の親子の分離が愛着の発達を妨げるのを避けるねらいもある。

期待できる家族・親族や相談できる人の存在など，親子を取り巻く環境も間接的に影響する。このようにさまざまな要因が複雑に絡み合い，愛着に影響を及ぼしている。

iii）乳児にとっての社会の広がり

　出生後9か月にさしかかる頃，乳児には「9か月革命」ともよばれる重要な発達的変化が生じる。それまでの乳児の周囲に対する関わりは，母親の問いかけに発声や笑顔で応じる，目の前の玩具を取って振り上げるなど，自分と対象（他者，モノ）との閉じた関係（二項関係）を特徴としている。ところがこの時期になると，母親の指さしや視線の方向に注意を向ける，自らも玩具を指さし母親の注意を促すなど，対象への注意を他者と共有する（共同注意）姿がみられはじめる。これは，自分と他者，対象とが織りなす三項関係が芽生えつつあることを意味している（図8.1）。さらに1歳を迎える頃には，初めてイヌと出会うなどの新奇場面で養育者の表情や行動を手掛かりに自身の行動を判断する社会的参照とよばれる現象が観察される。こうして乳児は，自分が直接経験していないことでも身近な他者の判断を手掛かりに知識を蓄え，その社会を広げていく。

図8.1　二項関係と三項関係

C. 幼児期の発達

i）自己制御の発達

　生後1歳または1歳半頃から5，6歳頃までの時期を幼児期という。幼児期に移る頃には身体・運動機能の発達を背景に，養育者の世話に大きく依存していた状態から脱しはじめる。ライフサイクル論では幼児期前半の

課題として，しつけを通して排泄や食事，衣類の着脱など基本的生活習慣を身につけ，自分の意思で自分の行動をコントロールする自律性の獲得を挙げている。一方，養育者からのしつけや制限が過剰になると，自律性が上手く培われず，自身の感覚や判断に対して自信がもてなくなる（恥，疑惑）。実際，2歳頃になると養育者の指示や提案，促しに抵抗し，何でも自分でやろうとする姿が目立つようになる。これに養育者が手を焼くことから，2～4歳までの時期は第一次反抗期ともよばれるが，こうしたこだわりや抵抗は自律性の芽生えの証でもある。幼児は養育者をはじめ周囲とのやりとりの中で，自分の意思を伝え実現しようとする自己主張を身につけていく。一方，相手や状況によっては自分の要求を我慢したり，別の手段で満たしたりなど，自分の意思を抑制することも求められる。こうして両者をバランスよく身につけることで，状況に合わせて自分の行動を調整する自己制御の能力が発達していく。

ii）幼児期の認知発達

　私たちは外界をありのままではなく，認知という枠組みを通して捉えているが，子どもの認知と成人のそれとは異なる。ピアジェは発達とともに質的な変化を遂げる子どもの認知に焦点を当て，認知発達段階説を提唱している。それによると，感覚運動期（誕生～2歳）では，視覚や聴覚，触覚などの感覚と原始反射（吸引反射など），触れたり掴んだりなどの運動を通じて，周囲にあるさまざまなモノの性質を理解していく。物体が視界から見えなくなっても存在し続けるという認識（対象の永続性）もこの時期を通して獲得する。

　次の前操作期（2～7，8歳）になると，モノの表象（言葉やイメージ）を用いて考える能力が発達する。それにより，目の前の玩具や動物から離れても，それらについて思い出したり考えたり誰かに伝えたりすることができる。一方，前操作期では大人とは異なり，自己の視点や立場からしか物事を捉えることができない（自己中心性）。それを示す例として，ピアジェが考案した「三つ山問題」がある（**図8.2**）。左側は山の模型を真上から見た姿を，右側はAの位置から見た姿を示している。まず幼児に模

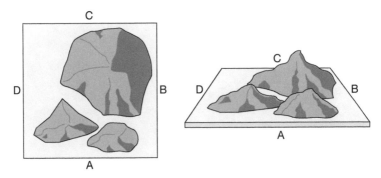

図8.2 三つ山問題
Aの位置に座った幼児にB〜Dからの眺めを尋ねても，幼児は自分の位置から見た模型の姿に縛られ，Aから見える眺めを回答してしまう。

型全体を確認させ，その後Aの位置に座ってもらい，他の位置からの山の眺めを推測して回答させるこの問題では，幼児は自分の位置から見た模型の姿に縛られ，Aから見える眺めを回答してしまう。

iii）心の理論

　私たちは日常的に相手がどう感じるか，何を望むかなど，相手の思いを自然と推し量り対人関係を築いている。他者の行動や言動の背景にある意図を推測する心の理論とよばれる能力は，4歳頃から発達する。心の理論の有無を調べる課題に，誤信念課題がある（**図8.3**）。この課題では，アンがサリーの不在中にビー玉をカゴから自分の箱に移してしまった後，帰

コラム　発達検査

　乳幼児の言語や認知・運動・社会性など，心身発達の程度を把握する方法の一つに発達検査がある。発達検査には，特定の課題を与えその取り組みを観察するもの（遠城寺式乳幼児分析的発達検査法，新版K式発達検査，DENVER Ⅱなど）と，日頃の乳幼児の様子をよく知る養育者から聴取するもの（津守式乳幼児精神発達診断法など）がある。基準となる発達との比較によって発達年齢や発達指数を算出できるものが多く，知的能力障害や発達障害の早期発見，療育計画や効果測定に役立てられる。また，乳幼児健診でもしばしば利用されている。

① サリーはカゴを　アンは箱を
　持っている　　持っている

④ アンはサリーのビー玉をカゴから
　取り出し，自分の箱に入れた

② サリーはビー玉を自分のカゴに入れた

⑤ サリーが帰ってきた
　サリーは自分のビー玉で
　遊びたいと思った

　サリーがビー玉を探すのは，
　どこでしょう？

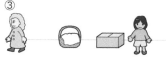

③ サリーは外に散歩に出かけた

図8.3　誤信念課題
（参考：U, フリス（1991））

ってきたサリーがカゴと箱のどちらを調べるかを尋ねる。心の理論が未発達な子どもでは，サリーが現実とは異なる信念（「ビー玉はカゴにあるはず」）をもつことを理解できず，誤答してしまう。特に，自閉スペクトラム症（p.151参照）の子どもでは誤答が多く，心の理論の欠如・発達の遅れが指摘されている。

iv）遊びの発達

　ライフサイクル論では，幼児期後期の課題に自主性の獲得を挙げている。移動能力や認知能力の発達とともに幼児の世界は格段に広がり，興味・関心も広範囲に及ぶようになる。自主性とは，その中で自らの意思に基づき，さまざまな活動に積極的に取り組むことを指す。一方で，行動範囲や他児との関わりが広がるにつれ，時に危険な行為や，養育者や社会の規範に反する行動も生じる。そこで養育者などから受ける叱責は，罪悪感を生む。自主性は特に遊びを通して育まれるが，幼児期の遊びは発達とともに変化していく。幼児期の初期までは単独で玩具と遊ぶ一人遊びや，他児とのや

りとりはないが同じように遊ぶ並行遊びが中心である。3歳頃になると，一緒に積木をするなど物の貸し借りや会話のある連合遊びや，鬼ごっこのような役割分担やルールの共有を伴う協同遊びが増えてくる。こうした集団遊びは子どもの社会性の発達を促す。また，認知機能の発達も遊びの質に変化をもたらす。乳児期では掴んだ玩具を振り上げ音の感覚を楽しむといった感覚運動遊びが中心だが，幼児期ではアニメの主人公になりきる，ままごとで砂場を食事場面に見立てるなどの象徴遊びが増えてくる。

D. 児童期の発達

i）学校生活のはじまり

概ね小学校の6年間に相当する7～12歳頃までの時期は児童期とよばれる。小学校に入学し，それまでの遊びを中心とした生活から，学習中心の生活へと変化する。学校では教室内の決められた席に座り，私語を控え，時間割に沿って各教科の授業を受けるなど，それまでと比べてかなり構造化された状況での学習が求められる。また，教師という養育者とは異なる大人のもとで，一定のルールに基づいた集団生活を送ることになる。ライフサイクル論では，児童期の課題として，勤勉性の獲得を挙げている。これは，学校生活の中で辛抱強く学習に取り組み，仲間とのやりとりを重ねる中で，社会から求められる技能や価値観，ルールを身につけていくことを指す。一方，他児との比較の中で学習や運動の苦手さに直面したり，低い評価や叱責を受けたりする経験は，劣等感を生む。

ii）児童期の認知発達

ピアジェの認知発達段階説によると，7，8歳になる頃には子どもの思考は自己中心性を脱し（脱中心化），複数の視点から物事を捉える具体的操作期へと発達する。それを示すのが保存概念の獲得である。保存概念とは，物の見え方が変わっても物の性質そのものは変わらないという認識を指す。これを調べる課題の一つに，液量の保存概念の課題がある（**図8.4**）。同じ大きさの容器AとBに同量の液体が入っていることを確かめた後，Bの液体を細長いCに移し，AとCの液量を比較させる。前操作期

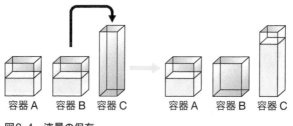

容器A　容器B　容器C　　　容器A　容器B　容器C

図8.4　液量の保存

では高さに影響されてCの液量が多いと答えがちだが，具体的操作期では視覚的特徴にとらわれず，「液体の加減をしていないので量は同じ」などと論理的に考え，正しい結論に至る。保存概念には数，長さ，重さ，体積などもあり，いずれも具体的操作期に獲得されていく。

　だが，ここでの論理的思考は容器や液体など具体的な事物と結びついたものである。具体物や日常的な体験から離れた論理的思考が芽生えるのは，次の形式的操作期に移行する11，12歳頃からである。実際，小学校3，4年生になると，分数や小数点など，日常的な経験と結びつけて考えにくい学習内容が増えてくる。それに伴い，習得に困難を抱える子どもが目立ちはじめることから，「9歳の壁」ともよばれる。

iii) 仲間関係の発達

　児童期から青年期にかけては仲間関係にも変化がみられる。児童期後半にはギャング・グループという10人弱の閉鎖的な同性・同年齢の仲間集団が形成される。各メンバーには役割があり，集団で同じ行動をとることがよくみられる。集団内での約束を守る，義務を果たす，期待される役割に沿って行動することなどを通して社会性が発達していく。中学生にあたる思春期初期には，チャム・グループとよばれる数人の同性間での親密な仲間関係が形成される。特に女子に多く，同じ行動をするだけでなく，興味や好みなど内面の共通点を確認し合い，異なる他者を排除することで一体感を高める。このように共通点で結ばれた排他的な友人関係には，思春期における親からの分離に伴う孤独や不安を和らげる働きがあるとされる。高校生以降になると，年齢や性別を問わず，考えや価値観を示し合うこと

で互いの違いを理解し，尊重し合うピア・グループが形成される。自分と
は異なる立場や価値観との出会いは，青年期の発達課題であるアイデンテ
ィティ形成にも寄与するとされる。

コ ラ ム　発達障害

　幼児期から児童期にかけては，子どもにとっての社会が家庭外へと広がる中で
発達上の問題も顕在化しやすい。発達障害（神経発達症ともいう）は発達早期に
顕在化し，認知・行動・社会性などの面に影響をもたらす脳機能の障害の総称で
ある。いくつかの代表的な発達障害とその特徴を挙げる（**表**）。発達障害を抱え
る子どもは，社会適応のつまずきや周囲の障害理解の乏しさから二次障害を抱え
やすい。例えば，ADHDを抱える児童の忘れ物や指示の聞き漏らしは，「本人の
せい」や「不真面目」と受け取られ，叱責を受けやすい。それが繰り返された結
果，二次障害として自信の低下や抑うつ，不登校などを招く可能性がある。その
ため，発達障害への支援では早期発見に加え，本人の適応を高めるべく周囲の環
境や関わりを調整する工夫が求められる。

表　代表的な発達障害とその特徴

発達障害	特徴
自閉スペクトラム症（ASD）	①社会性の障害（他者に異常に近づく，他者と情緒を共有できない，視線が合わない，表情や身振りに乏しい，他者とイメージを共有して遊べない）と，②興味・関心や行動面のこだわり（単調な運動を繰り返す，習慣へのこだわり，特定の物への強い執着，音や触感など特定の感覚に過敏または鈍感）が特徴。
注意欠如・多動症（ADHD）	①不注意（注意を維持できない，指示を聞いていない，日課や必要な物をよく忘れる，些細な刺激に注意が散りやすい）と，②多動性および衝動性（じっとできず動き回る，一方的に話す，質問が終わる前に答える，順番を待てない）が特徴。不注意優勢，多動・衝動優勢，混合の3つのタイプがある。
限局性学習症（SLD）	①読み（文字の読み誤りやたどたどしい音読，読んだ内容を理解できない），②書き（書き順や文字の誤り，筆記の乱雑さ，作文の困難），③算数（数の概念が理解できない，簡単な暗算や筆算の誤り，文章題の理解の困難）という学習の基本的能力の顕著な困難が特徴。

A. 青年期の発達

i）身体的な変化がもたらすもの

　子どもから大人への移行期に相当する13歳～22歳頃まで（30歳頃まで含む場合もある）の時期を青年期とよぶ。そのうち，体つきの変化が急激に進む16歳頃までを思春期ともよぶ。児童期の中期～後期頃から，脳下垂体からの性腺刺激ホルモンの分泌が活発となり，性腺（精巣，卵巣）からの性ホルモンの分泌が促進される。その結果，青年期にかけて男子は男性らしい，女子は女性らしい体つきへと変化する。精通や初潮を迎え，生殖器の機能も成熟する。性差が顕著になる第二次性徴とよばれる身体的変化はしばしば動揺をもたらし，「自分がどうなるのか」「周囲からどう見られているのか」といった自分に対するまなざし（自意識）も強まる。異性からの目も気にするようになり，男性・女性らしさといった性役割が意識されるようになる。

ii）親からの自立と依存

　青年期ではこれまで以上に学校で過ごす時間が増え，友人関係の比重が

コラム　LGBT

　性役割への意識が高まる中で，自身の性や性的指向を周囲と比較し，違和感をもつこともある。近年は，性的少数派であるレズビアン（Lesbian；女性同性愛者），ゲイ（Gay；男性同性愛者），バイセクシュアル（Bisexual；両性愛者），トランスジェンダー（Transgender；生物学的な性と自認する性が異なる）を総称してLGBTとよび，性の多様性を認める動きが社会に広がりつつある。当事者の中には，カミングアウト（性自認や性的指向の告白）への葛藤やLGBTであることに対する周囲の態度などにより，メンタルヘルスの問題を抱える者も少なくない。本人への心理支援だけでなく，生徒・学生や教師，保護者がLGBTに対してもつステレオタイプや誤解を解き，正しい知識を身につける性の多様性を前提としたLGBT教育も求められている。

増すにつれ，親との結びつきは相対的に弱まる。認知能力の発達から，これまで従ってきた親の価値観やルールを疑い，他の家庭との違いや矛盾点にも気づくようになってくる。親に対等に自己主張し，我を通そうとするなど，親からみて反抗的な態度を示すことから，この時期は第二次反抗期ともよばれる。こうした変化は親から精神的に自立していこうとする欲求（心理的離乳）が高まっていることの証でもあるが，生活・経済面では親に依存している現実や，自分の価値観や主張を認めてほしいという承認欲求もあり，青年期は自立と依存の葛藤の中で不安定になりやすい。

iii）アイデンティティ

　青年期では，「将来，何の仕事がしたいのか」「自分らしさはどこにあるのか」など，確からしい自分のありようを探し始める。将来就きたい職業や自分の性格，価値観などをふり返ると，誰もが「これこそが自分」と確信がもてる部分と，曖昧で不確定な部分との両面をもつ。ライフサイクル論では青年期の心理社会的危機として「アイデンティティvsアイデンティティ拡散」を挙げ，この両面の葛藤を乗り越えていくことを課題としている。アイデンティティは一般に，これまでの人生経験で培ってきた自分のありようを吟味し，より確からしい自分を模索する過程で作られていく。その途上にある青年期には労働などの社会的責任が猶予され，学生生活やアルバイトなどを通してさまざまな役割を試し，自分の可能性を模索する機会が豊富にある（心理社会的モラトリアム）。

　青年期のアイデンティティには個人差も大きい。マーシャによると，青年期のアイデンティティは4つの状態（アイデンティティ・ステイタス）に分類される（**表8.4**）。危機とは「どの職業を選ぶべきか」など，自分の可能性を探求し迷った末，選択の判断をすることを指す。コミットメントとは，就きたい職業の資格試験に向けて懸命に勉強するなど，自分の信念や価値観において重視する対象に向けて積極的にエネルギーを注ぐことを指す。

表8.4　アイデンティティ・ステイタスの分類

アイデンティティ・ステイタス	危機	コミットメント	概要
アイデンティティ達成	経験した	している	危機を経て自分に適した職業や信念を選び, それに尽力している。
モラトリアム	その最中	しようとしている	いくつかの選択肢の中で迷いつつ, 達成に向けて努力している。
早期完了	経験していない	している	親の価値観をそのまま継承。融通の利かなさが特徴。
アイデンティティ拡散	経験していない	していない	危機を経験する前の状態。確からしい自分の姿を想像できない。
	経験した	していない	危機を経験した結果, 何にも傾倒せず, 自分のあらゆる可能性を残している。

(参考：無藤清子（1979））

B. 成人期・中年期の発達

i）さまざまなライフコース

　学業課程を修了し，社会人となる20代半ば頃には成人期に移行する。成人期は自身が選択した独自の人生の道筋（ライフコース）を歩む時期であり，60代半ば頃までと長期に渡る。その間，就職や転職，結婚，出産，子育て等，さまざまなライフイベントでの選択と適応が課題となる。ライフサイクル論では，成人期初期（20～30代）の課題として親密性の獲得を挙げている。これは同僚や友人，パートナーとの間で，協力や競争，情緒的交流を通して信頼関係を育むことを指す（11章参照）。自立した個人として相手と向き合い，自他共に尊重する関係を特徴としており，青年期の課題であるアイデンティティの（ある程度の）確立が前提とされている。したがって，アイデンティティが不確かな場合，他者からの反応による自己の傷つきや動揺への不安から，自己主張や自己開示を欠いた表面的な人間関係に留まる可能性がある（孤立）。

　もっとも，近年は未婚率の上昇や晩婚化・少子化，女性の社会進出など

を背景に，成人期のライフコースはいっそう多様化している。性役割が比較的明確で，女性であれば結婚・出産・子育てが自明のものであった時代に描かれた発達モデルは，現代に適さない場合もある。成人期の発達を理解する際の前提として，ライフコースの個別性も踏まえる必要がある。

ii）仕事と家庭とのバランス

　成人期では，就職や結婚，出産を機に，新たに社会人としての役割や家庭内での役割を担う。わが国では男性が仕事，女性が家事・育児を担うという伝統的性役割観は以前に比べて薄れつつあり，夫婦共に両方の役割を担うことは珍しくなくなってきた。そこで，男女を問わず多重役割を担う中で求められるのが仕事と家庭との調和（ワーク・ライフ・バランス）である。家庭の充実が仕事への意欲を高めるように，ある役割の状況や経験が他方の役割の状況・経験に影響を及ぼすことをスピルオーバーとよぶ。ポジティブなスピルオーバーは精神的健康との関連が指摘されており，成人期では各役割の比重や役割間の影響を考え，調整していくことが求められる。

　子育ては親自身の成長や発達を促す一方で，葛藤や困難をもたらす面もある。特に核家族化が進み，地域とのつながりが希薄な現在では，身近な人からのサポートが得られにくく，孤立した中での育児となりやすい。子どもの預け先が確保できず，育児のために職業キャリアを犠牲にせざるを

コラム　産後うつ

　出産直後はうつ病を発症するリスクが高まる。産後うつは出産後3週頃から3か月頃の間に発症しやすく，抑うつ，興味や喜びの消失をはじめ，不安・焦燥，疲労感，罪悪感，子どもに愛情を感じられないなどの症状を伴う。出産後数日の間に生じる気分の不調（マタニティブルー）は高頻度で認められるが，自然に消失することが多い。産後うつも約10〜15%と高頻度に認められるが，薬物療法や心理療法，環境調整が必要になることが多い。要因として，ホルモンバランスの変化や出産後の環境変化，夫婦関係の問題や周囲のサポート不足などが指摘されている。

得ない女性も少なからずおり，育児ストレスが問題となっている。虐待（11章コラム参照）の一次予防の観点からも，母子の孤立を防ぐ子育て支援の充実が求められている。

iii）中年期危機

　成人期の後半，40～60代半ばまでの中年期には，白髪や皮膚の皺など外見上の老化に加え，筋力や持久力，瞬発力などの体力低下，老眼などの身体機能の低下も自覚される。生活習慣病も増加し，特に女性は50歳前後で閉経を迎え，更年期症状を招く場合もある。衰えや若さの喪失が自覚される時期といえる。ライフサイクル論では，中年期の課題として世代継承性（ジェネラティヴィティ）の獲得を挙げている。これは，家庭での子育て，職場における部下や後輩の育成，地域の文化や伝統の継承など，次世代を担う人々の育成や世話に努めることを指す。一方，次世代との接触に乏しく育成に関心が向かないと，自己満足や価値観の硬直化を招く（停滞）。現在では，世代継承性は中年期だけでなく，成人期から老年期にかけて直面する課題として捉えられている。

　中年期では職場内でも管理的立場にあり，後進の指導を求められることが多い。日々の仕事から多くを吸収し，幅広いキャリア選択が可能な若い頃とは異なり，自分の能力や出世の限界もみえはじめ，今後の選択肢も狭まってくる。家庭では子どもの成長・自立に伴い，親としての役割や子ど

コラム　空の巣症候群

　子の就職や結婚は親にとっても喜ばしいことである。だが，子が自立し，親としての役割が縮小することをきっかけに，抑うつや空虚感，その他さまざまな不定愁訴（明確な原因が見つからない，身体的な自覚症状）が生じることがある。これは鳥のヒナが巣立った後の状況になぞらえて空の巣症候群とよばれる。特に，子育てが生きがいの中心であった中年期女性に多いとされる。だが，共働きが広がる現在においては，母親以外の多様な役割をもつ女性は多い。また，子の自立を機に仕事や趣味など新たな活動をはじめる場合もあり，自立の受けとめ方には個人差がある。

表8.5　中年期のアイデンティティ再構築の過程

段階	内容
I	身体感覚の変化の認識に伴う危機期 ・体力の衰え, 体調の変化への気づき ・バイタリティの衰えの認識
II	自分の再吟味と再方向づけへの模索期 ・自分の半生への問い直し ・将来への再方向づけの試み
III	軌道修正・軌道転換期 ・将来にむけての生活, 価値観などの修正 ・自分と対象との関係の変化
IV	アイデンティティ再確立期 ・自己の安定感・肯定感の増大

（出典：岡本祐子（1985））

もとの距離の変化に戸惑うこともある。このように, 中年期はこれまでの自分のあり方では立ちゆかなくなる経験をしやすいことから, 中年期危機ともよばれる。一方で, こうした危機は新たなアイデンティティを模索するきっかけとなり, 価値観や生活の変化を経てより安定した自己をもたらすこともある（**表8.5**）。

C. 老年期の発達

i) 老化の深まり

　65歳前後には最後の発達段階である老年期に移行する。中でも, 65～74歳の人を前期高齢者, 75歳以降を後期高齢者とよぶが, 85歳以上を超高齢者とよぶこともある。これまでの生活習慣や疾病の有無によって個人差が大きいものの, 老年期では一般に加齢による感覚や身体, 認知機能の低下が目立つようになる。五感はすべて低下するが, 特に視力・聴力の低下は読み書きや自動車運転, 周囲との会話など, 日常生活に支障をもたらす。身体機能は筋力やバランス能力, 持久力, 関節の柔軟性など, 多くの面で低下する。特に, 筋力とバランス能力の低下は歩行時の転倒リスク

を高める。

ii）老年期の社会関係

老年期では，子どもの結婚・独立や退職，長く付き合いのあった友人や配偶者との死別などを経験し，人との交流（社会関係）が狭まることが多い。独居の高齢者世帯は近年増え続けているが，中には家族を含む他者との交流がきわめて限られ，孤立した状態にある高齢者も少なくない。孤立した高齢者の実態をみると，一人気ままな生活とはいい難く，低所得，劣悪な住環境，健康問題など，問題の重複が目立つことも指摘されている。一方，豊かな社会関係は認知症やADL（Activity of Daily Livingの略，日常生活動作）の低下，抑うつなどのリスクを下げることも指摘されており，これらの一次予防のためには人とのつながりを促していくようなアプローチが求められる。

慕っていた人や環境，そこでの自分の役割など，これまで頼りにしてきた対象を失う経験は対象喪失とよばれる。特に，配偶者との死別は老年期に直面することの多い最もストレスフルな対象喪失である。死別後には意欲低下や空虚感，抑うつ，反すう，過活動，引きこもりなどがみられることがあるが，これらは自然な悲嘆（喪失体験に伴う心身の症状や情動的反応）であり，死別を乗り越える上で辿る過程と考えられている。悲嘆の有無や程度，継続期間には個人差があるものの，悲嘆が長引き慢性化した状

態（6か月以上）は複雑性悲嘆とよばれ，医療的な支援を必要とする場合もある。

iii）老年期の適応

　年を重ねても若い世代と同様に目的意識をもち，活発に活動する「元気な高齢者」も少なくない。いかに幸福に年を重ねるかというサクセスフル・エイジングの追求は，老年期の重要な課題である。医学的には，抱えている病気や障害が最小限で身体・認知機能を維持し，活発に活動していることがサクセスフル・エイジングの条件となる。だが，身体の衰えや病気を抱えながらも主観的には幸福を感じている高齢者も少なくない。バルテスが提唱したSOC理論（補償を伴う選択的最適化理論）によると，活動目標を達成可能なものに絞る（目標選択；Selection），時間・労力を限られた部分に注ぐ（資源の最適化；Optimization），他の手段で代用する（補償；Compensation）という3つの方略によって幸福感が維持されるという。彼が述べる例を挙げると，ある高齢のピアニストは演奏する曲のレパートリーを減らす（目標選択），限られた曲のレパートリーについて演奏の練習をする（資源の最適化），指を動かす速度の低下を補うためにメリハリをつけた演奏をする（補償）という方略によって，高齢でありながら優れた手腕を保持している。

　「死」は誰もがいつか迎えるものだが，老化が深まる老年期ではいっそう意識される。ライフサイクル論では，老年期の課題として統合を挙げている。これは自らの人生をふり返り，そこに独自の意味を見出すことで自分の人生やその先に迎える死を受容することを指す。一方，これまでに重ねてきた失敗や未解決な課題が後悔とともに思い出され，人生や死を受け入れ難く感じることもある（絶望）。両者の葛藤を乗り越え，人生の歩みにまとまりをつけていけるかどうかもまた，老年期の適応を左右すると考えられる。

引用文献

・岡本祐子, 中年期の自我同一性に関する研究, 教育心理学研究, 33(4), 295-306, 1985.

参考文献

・開一夫・齋藤慈子(編), ベーシック発達心理学, 東京大学出版会, 2018.
・林創(編著), 公認心理師スタンダードテキストシリーズ12発達心理学, ミネルヴァ書房, 2019.
・高橋一公・中川佳子(編著), 発達心理学15講 第3版, 北大路書房, 2019.
・U, フリス(著), 冨田真紀・清水康夫(訳), 自閉症の謎を解き明かす, 東京書籍, 1991.
・無藤清子,「自我同一性地位面接」の検討と大学生の自我同一性, 教育心理学研究, 27(3), 178-187, 1979.
・針間克己・平田俊明(編著), セクシュアルマイノリティへの心理的支援―同性愛, 性同一性障害を理解する―, 岩崎学術出版社, 2014.
・佐藤眞一・高山緑・増本康平(著), 老いのこころ―加齢と成熟の発達心理学―, 有斐閣, 2014.
・滝川一廣(著), 子どものための精神医学, 医学書院, 2017.
・渡辺弥生(著), 子どもの「10歳の壁」とは何か?―乗りこえるための発達心理学―, 光文社, 2011.

第9章 心の理解とその支援方法

　私たちは日々何かに悩んだり，解決できない問題を抱えていたりする。人間は苦悩する存在であるといえるが，同時にその苦悩に対処し，耐えることもできる存在である。しかし，時には自分の力ではどうにもならず，周囲の力を借りても解決が難しいこともある。本章では，悩み苦しむ人がどのような人で，どんな問題に苦しんでいるか，困っている問題がいつ，どのように起きて今に至るのか，そしてその問題や困難から脱するための方法は何か，といった一連の事柄について，臨床心理学の知見を紹介する。なお，臨床（clinic）とは，病床に向かうという意味をもち，さらには医師が病人の側に座り，自らの五感を手がかりに診察を行う様を意味する言葉でもあり，対象となる人への接近方法，あるいは研究方法のあり方を意味すると考えられている。

　伝統的な医学モデルでは，疾患Xは原因Aによってもたらされるという因果関係で説明されてきた。例えば感染症でいえば，原因となる菌を特定してそれに適した抗生物質を投与し，菌を殺傷することができれば病気による症状は消失（完治）する。病気にかかっている期間（罹病期間）も比較的短期間で済むため，このモデルでは「病気をどう治すか」が最大の関心事であった。ところが，現代では生活習慣病のように病気全体が慢性化し，罹病期間も長期化して完治を望めないことも少なくない。現代の疾患モデルでは「病気といかに上手に付き合うか」が重要なテーマとなる。病気だけでなく，健康のあり方に関する考え方も変わってきた。医療では，これまで生存か死亡かが重要な結果と考えられてきたが，現代では生活の質（クオリティ・オブ・ライフ）をいかに向上させ，維持させることができるかが重要であると考えるようになった。病気がないこと，体が丈夫なことだけではなく，これから自分の人生をどのように歩むか，自分にとって何が幸せかといった主観的な健康観が重視されている。

　人の心を支援するには，まず人の心を知ろうと努力し，その結果得られた

データをもとにして支援するための手立てを講じる。人の心のありようを知るための心理アセスメント，そして心を支援するための方法としての心理療法を本章では紹介する。

A. 人の心のありようを知る方法

　心理アセスメントとは，何らかの問題で困っている人（相談者）の性格や対人関係，相談者の生活状況，相談者が抱える問題とその経過，さらには相談者の生育歴に関する情報などを集め，分析し，相談者の問題とその解決に関する仮説を立てる一連のプロセスのことである。心理アセスメントでは，人の問題となる弱い部分に注目するだけでなく，人の強みや良い面も見出そうとする。まず，相談者と直接会い，相談者が抱えている問題や相談者の性格，育ってきた環境や現在の生活状況，家族関係やその他の人間関係などの情報を聴取する。そして，後述するさまざまな方法を用いて相談者が抱える問題の成り立ちとその問題の解決のために必要な援助の方法に関する仮説を立てる。その仮説に基づき，心理面接が行われ，面接を重ねた後に相談者の問題が解決，または改善されたことが確認された上で，相談者と話し合いながら心理面接の終結について決定する。

B. 心理アセスメントの方法

　心理アセスメントの方法には，観察法，面接法，検査法の三つがある。これらにはそれぞれの強み・弱みがあり，アセスメントを実施する状況やアセスメントの対象となる相談者の特徴，アセスメントの目的などを踏まえていずれか一つを選択したり，複数を組み合わせたりして相談者を理解しようとする。

i）観察法

　観察法は，アセスメントの対象となる人の言動や周囲との関わり方などの視覚的・聴覚的な情報を集め，記録して分析する方法である。観察法は

表9.1 客観性を高めるための観察方法

- 時間見本法
  観察する時間を事前に決めておく
- 場面見本法
  観察する場所を事前に決めておく
- 事象見本法
  観察者が何を観察するかを事前に明確にしておく
- 日誌法
  観察した記録をつけておく
- 観察記録の録画, 録音
  写真, ビデオカメラ, ボイスレコーダーを活用する
- 評定者間一致
  複数の観察者を用意して, 観察した情報にズレがないかを確かめる

言葉でのやりとりを必要としないため, 言葉をうまく扱えない人たち (乳幼児, 言葉の障害を抱える人など) を対象にすることができる。一方, 観察法は観察者の主観 (観察者が見たいものだけを見てしまう, 観察者の思い込みで観察される情報が歪む) が入り込む可能性を否定できない (**表9.1**)。

ii) 面接法

面接法は, アセスメントの対象となる人と直接会い, 会話を通してその人を理解する方法である。やりとりされる言語情報だけでなく, 表情や仕草などの非言語情報もアセスメントの材料となる。面接法は個人にも集団にも実施することができる。一度に複数名を対象にして, あるテーマに沿って話し合いの場を設けるやり方 (フォーカス・グループ・インタビュー) もある。面接法は面接者の技量が問われる方法である。目的や状況に応じて, 事前に質問する内容や質問する順番を決めて面接を行ったり (構造化面接), 質問や会話のやりとりを事前に決めずに自由に行ったり (非構造化面接), 面接者が必ずおさえておきたいポイントを定め, それ以外はその場の状況次第で自由に進めるやり方 (半構造化面接) を選ぶ。

iii）検査法

　検査法では，心理検査とよばれる人の性格や能力，適性の評価のための検査を行う。また，心理検査を用いて実施された心理療法の効果を検証することもできる。心理検査は大きく性格検査，知能検査（7章参照），発達検査（8章参照），神経心理学的検査などの検査に分けられる。性格検査はさらに，質問紙法，作業検査法，投影法の三つに分けられる。それぞれの方法には長所と短所があり，複数の検査を組み合わせて実施する（テスト・バッテリー）ことが多い。

①**質問紙法**　紙に印刷された質問文に「はい／いいえ」もしくは「どれくらい当てはまるか」について選択肢方式の質問に回答する方法を質問紙法という。「～についてあなたの考えを自由に書いてください」と問う自由記述式もある。質問紙法には，自分自身について回答する自記式と，家族や教師が子どもの特徴について回答する他者評定がある。質問紙法は実施が簡単で，集団にも実施できるため，一度に多くの回答を得ることができる。一方，質問紙法は虚偽の報告が簡単にできてしまうことや，回答者が質問文をきちんと理解したかわかりにくいという問題がある。

②**作業検査法**　ある一定の作業課題を行ってもらい，作業量の程度や変化，その課題の成績や作業中の態度などをあわせて，人の能力や性格の理解につなげようとするのが作業検査法である。

③**投影法**　あいまいな刺激を提示し，それに対する反応内容を分析，解釈する方法を投影法（投映法ともいう）という。投影法では，刺激があいまいであるだけでなく，検査の目的も説明も最低限しか行われず，自由に反応することを求められる。そのため，投影法は検査の目的がわかりにくく，虚偽的な報告を少なくできること，また普段意識しない深いレベルの性格の側面を調べることができる。一方，投影法の実施や解釈には相当の熟練が必要であり，検査者が主観的な解釈に走りやすくなるリスクもある。加えて，投影法はあいまいな状況で自由に反応することを求めるため，人を大なり小なり不安にさせる。このため，情緒的に不安定でかつ症状が安定しない人に実施する際には注意が必要である。

④**神経心理学的検査**　人間の高次脳機能（記憶，注意，見当識，認知，理

解，思考，判断，読み書き，行為，実行機能，学習，言語などの知的能力）を評価する検査を神経心理学的検査という。高次脳機能のどの機能の評価を行うかによってさまざまな検査が開発されている。神経心理学的検査の目的は，人の機能低下の特定を行うだけではなく，残されている機能の有無，強みは何か，またそうした情報を統合して適切なケアにつなげるための情報提供にも役立つ。

⑤**検査の条件**　既存の心理検査のほとんどは，先人の長い臨床経験や特定の性格に関する理論，科学的な根拠に基づいて作成されている。検査を人に対して使用可能なものとするためには，必要な手続きがある。まず，心理検査に関して厳密な規格（検査の説明の仕方，質問項目の出し方，回答の指示，検査時間，採点・評価方法，解釈方法など）を設定する手続き（標準化）が必要である。標準化によって，誰がどこで検査を実施しても結果のばらつきが出にくくなる。例えば，一般成人の平均得点を算出することで個人の得点が同世代の人たちと比べて高いか低いかを評価できるようになるし，平均得点からのズレの程度をみることで正常か異常の評価をすることもできる。また，心理検査によって測定される数値の安定性（何度測っても誰が測っても，ほぼ同じような測定になる），結果の一貫性，再現性を表す信頼性（**図9.1**），そして測ろうとしているものをきちんと測れているかどうかを示す妥当性を十分に備えていることが，望ましい心理検査の条件となる。**図9.2**のように，信頼性とは毎回ほぼ同じような結果を示せているかどうかの指標であり，妥当性と

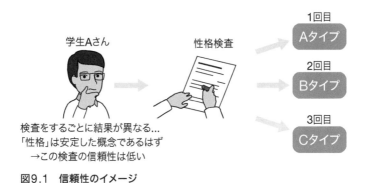

図9.1　信頼性のイメージ

| 妥当性：低い | 妥当性：低い | 妥当性：中 | 妥当性：高い |
| 信頼性：低い | 信頼性：高い | 信頼性：低い | 信頼性：高い |

図9.2　信頼性と妥当性のイメージ

は狙うべき的の位置を的確に当てられているかどうかの指標といえる。

心の援助方法について

　個人の心理的な問題を解決，または改善させるための介入，支援方法を心理療法とよんでいる。心理療法と類似する用語にカウンセリングがある。両者は立場によって同一のものとする見方もあれば，明確に区別する見方もある。カウンセリングはもともと教育の分野から誕生した用語であり，自己の成長や洞察，自己実現など生活適応上の問題や課題を主に扱う。一方，心理療法は精神病理の分野から誕生した用語であり，心理療法は症状や問題となる行動の改善，消去を目的とした治療的な機能が強調される。しかし，実際には両者を明確に区別することは難しい。本章では，両者を明確に区別する立場では論じていない。以降では，代表的な心理療法を紹介する。ここでは，心理療法をする者をセラピスト（治療者），そして援助を求める者をクライエントとよぶことにする。

A. 精神分析

　精神分析はフロイトによって創始された。フロイトは，特に幼少期の体験を重視し，患者の問題を解決するためには幼少期の体験で培われた無意識的な部分を徹底的に理解することが重要であると説いた。精神分析は患者の症状の治療として用いられる治療法として誕生したため，精神分析では「セラピストと患者」という関係性で語られる（そのため，ここではクライエント

> **コラム** **心の支援と資格制度について**
>
> 　心の支援が求められる現場は，主に医療・保健領域，教育・子育て領域，福祉領域，産業領域，そして司法・矯正領域などがあり，心理職は多様な現場で活動している。心理職に関する代表的な資格は臨床心理士と公認心理師の二つである。
>
> 　臨床心理士は1988年に誕生した公益財団法人日本臨床心理士資格認定協会が認定する民間資格で，2021年11月時点で臨床心理士数は38,397名と報告されている。臨床心理士とは，「臨床心理学に基づく知識や技術を用いて，人間の心の問題にアプローチする心の専門家である」と定義されている。臨床心理士の専門性として，①心理アセスメント，②心理面接，③心理的地域援助（地域の心の健康活動にかかわる人的援助システムとの連携，地域援助のための能力をもつ），そして④調査・研究（自らの実践に関する研究を行う資質を有する）が挙げられている。臨床心理士になるためには，日本臨床心理士資格認定協会の資格試験に合格する必要がある。
>
> 　公認心理師は心理職で初めての国家資格であり，2021年3月時点で公認心理師の資格登録者数は41,556名と報告されている。2015年9月に公認心理師法が成立され（2017年9月施行），2018年に第1回目の公認心理師試験が実施された。公認心理師とは，「公認心理師登録簿への登録を受け，公認心理師の名称を用いて，保健医療，福祉，教育その他の分野において，心理学に関する専門的知識及び技術をもって，次（以下参照）に掲げる行為を行うことを業とする者」と定義づけられている。公認心理師の職務には，①心理に関する支援を要する者の心理状態の観察，その結果の分析，②心理に関する支援を要する者に対する，その心理に関する相談及び助言，指導その他援助，③心理に関する支援を要する者の関係者に対する相談及び助言，指導その他の援助，そして④心の健康に関する知識の普及を図るための教育及び情報の提供の四つが含まれる。公認心理師になるためには，公認心理師法に基づく受験資格を取得した後に資格試験に合格し，資格登録を済ませなければならない。

ではなく患者と表記している）。以降では，フロイトの精神分析理論の中から人の心のありようを説明する理論を先に紹介し，その後で治療に関する理論について述べる。

i）局所論と構造論

　局所論では，人には今気づいているという意識，今気づいていなくて意

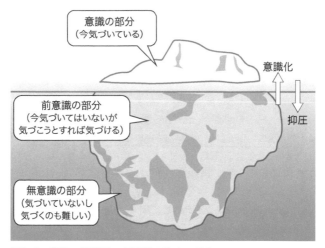

意識の部分
（今気づいている）

意識化

前意識の部分
（今気づいてはいないが
気づこうとすれば気づける）

抑圧

無意識の部分
（気づいていないし
気づくのも難しい）

図9.3　意識－前意識－無意識の氷山モデル

識には上りにくい無意識，そして今気づいてはいないが努力をすれば意識
できる前意識という三つの意識の領域があると仮定する（**図9.3**）。中で
も，無意識は人の行動に大きな影響力をもつという仮説のもと，無意識の
意識化（今気づいていないことを気づけるようになる）を図ることで，人
が抱える葛藤を解消できると考えた。

　構造論では，人の性格には社会的なルールや良心，道徳心などを司る超
自我，本能や欲求などの原始的なエネルギー（リビドー）が湧き出るイド，
超自我やイドからの要求，そして現実の状況を踏まえてそれらの調整を図
る役割であり，意識的な部分である自我という三領域があると仮定する。
イドは快を求める快楽原則に支配されており，無意識の中にある。一方，
自我は欲求の充足を現実社会に合わせて調整し，行動を選択しようとする
現実原則に従う。超自我は道徳原則に従い，イドと同様に無意識の中にあ
ると仮定されており，意識されないところで人の行動を制限する。

ii）防衛機制

　構造論では，超自我とイドのせめぎ合いは人に不安をもたらすと考えら
れている。フロイトは心の病や問題の根源には不安があると考え，人の不

安の扱い方を防衛機制とよんだ。人が危機にさらされたとき，自我を守ろうとして防衛機制が働く（**表9.2**）。当時，神経症とよばれた不可解な症状が出現するのは，防衛機制がうまく機能せずに不安を処理しきれないためだと考えた。

表9.2　代表的な防衛機制

- 抑圧
不安の原因となる欲求を無意識に抑え込む
- 抑制
思考や感情，欲求を表に出さないようにする
- 投影
抑圧された自分の欲求，感情を他人のものとみなす
- 同一化（同一視）
自分がある対象に似てくるようになる
- 反動形成
欲求が行動に表れないように，その欲求とは正反対のことをする
- 退行
早期の発達段階に後戻りする
- 合理化
失敗を認めず，口実を作って自分を正当化する
- 昇華
自分の欲求を社会的に認められた形で表す
- 知性化
抑圧された欲求や感情を知的に処理し，客観化する
- 否認
望まない現実の存在を認めない，認めることを拒む
- 置き換え
本来ある対象に向けたい欲求や感情が向けられない場合，他の対象に向けられる

iii）自由連想法

　無意識の意識化のために考案された一つの方法が自由連想法である。この方法では，患者はカウチとよばれる寝椅子に横たわり，患者は目を閉じ，そこで頭に浮かんでくるものを意識的に批判したり，選択したりしないでセラピストに語るように求められる（現在では座ったままの対面式でも行われている）。自由連想法によって，普段は意識の奥底に押し込められて

いる無意識の部分が出てきやすくなると考えられている。

iv）夢分析

　フロイトは，夢は偽装された人の無意識の願望であり，恐れであると考える。フロイト自身，「夢は無意識へ至る王道である」と主張し，精神分析では患者がみた夢の内容をセラピストに話し，その内容について自由に連想する。

v）抵抗と解釈

　精神分析の治療中，患者はさまざまな動きをみせる。途中で沈黙したり，話すことをためらったり，セラピストに反発したりする。これは精神分析の治療上でみられる抵抗とよばれている。抵抗の背後には重要な意味が潜んでいることが多く，セラピストはその意味を慎重に考えつつ治療を進める。治療が進み，抵抗の背後の意味がより明らかとなった際に，セラピストは患者がまだ自分では気づいていない問題に気づかせるため，セラピスト側の解釈（問題の理解につながる精神分析的な意味づけのこと）を患者に伝え，無意識の意識化を図る。

vi）転移と逆転移

　重要な他者（主に自分の親）に向けられるはずの感情や欲求が治療場面においてセラピストに向けられることを転移という。また，治療場面においてセラピストの感情が患者に向けられることを逆転移という。精神分析の治療中には患者からセラピストに対して愛情（陽性転移）や怒り，憎しみ（陰性転移）の感情を向けてくることがある。これは，セラピストとの関係の中で，患者が過去に体験した関係性を再体験していると考える。転移として向けられた感情や欲求を丁寧に話し合うことで，患者の幼少期の親子関係を明らかにすることができる。なお，逆転移はセラピストの心の問題が関与していると考えられている。

B. 来談者中心療法

　来談者中心療法は，ロジャーズによって1940年代に提唱された。ロジャーズは，人間には自己を理解し，自己を変えていくための大きな資源や可能性があると考え，またクライエントは自分の可能性に開かれる場が提供されれば，クライエントは自然に成長を遂げると信じていた。そのため，セラピストは分析や解釈を行う必要はなく，クライエントが自らの問題に取り組めるような場をいかに提供できるかが重要であるとロジャーズは説き，そのためのセラピストの基本的な態度について重要な理論を残した。精神分析が過去を重視するのに対して，来談者中心療法では現在（今，ここで起きている）のクライエントの体験に焦点を当てる。また，ロジャーズは「治療者－患者」といった関係は自然と上下関係を生じさせ，患者が自ら問題に気づき，その問題を解決しようとする力を奪うと考えた。

i）非指示的アプローチ

　ロジャーズは長年の臨床経験から，指示的な助言があまり効果を示さないこと，そして真に問題について知っているのはセラピストではなくクライエントであることに気づいていた。このため，クライエントが自ら何かに気づき，変化へと動いていけるよう，セラピストは具体的で明確な指示を出さず，簡単な応答による受容（うなずきや肯定）や感情の反射（相手が言葉にした気持ちをそのまま返す）を提示するにとどめる非指示的な関わりを重視した。

ii）セラピストの三条件

　ロジャーズが提唱した，クライエントの変化のために必要なセラピストの条件は，無条件の積極的関心（クライエントのありのままの姿を受け止め，クライエントのあり方を大切にする態度），共感的理解（クライエントの話に耳を傾け，あたかもクライエントが体験しているかのように気持ちを理解し，それを丁寧に伝え返す），そして自己一致（クライエントとの関わりの中で生じるセラピストの言動や振る舞いに偽りがない状態，純粋性ともいう）の三つである。この三条件についての仮説は，その後の実

証研究によって心理療法の効果と相関関係にあることが示されている。

iii) 二つの自己

　本当はこうありたい，なりたいという理想の自己（理想自己）と実際の自分（現実自己）という二つの自己を提唱し，それらがあまりに引き離されてしまうと心理的な苦悩をもたらすと考えた（**図9.4**）。理想が大きすぎるといつまでたっても現実の自己は理想に追いつけず，また現実の自己を過小評価していては，いつまでも理想には近づけたとは思うことができない。面接においてこうした二つの自己のあり方を理解し，面接の進展とともにいつまでも受け入れることができなかった自分（自己否定）を少しずつ受け入れられるようになる（自己受容）。クライエントの自己に変化が生じてくることにより，両者のズレは小さくなっていく。これによって，クライエントの苦悩が軽減されると考えた。

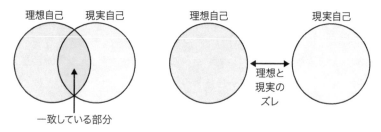

図9.4　理想自己と現実自己の一致・不一致

C. 行動療法

　行動療法は1950年代末頃から，スキナーやウォルピ，アイゼンクなどによって体系化された，条件づけや観察学習などを含む学習理論（2章参照）に基づく，行動変容を主な目的とした心理療法の総称である。行動療法では，心理的な問題や行動上の問題は学習の結果であり，そのため治療も学習によって行うことが可能だと考える。行動療法は科学的な方法を用いることに専念し，直接観察できない心や意識といった人の内的な世界よりも，観察が可能でかつ客観的に検証が可能な行動に注目してきた。

i) 古典的条件づけによる行動療法

　古典的条件づけによって形成された条件反応は，意識して抑えようとしても抑えることが難しい生理的，かつ感情的な反応である。条件づけが成立した後，刺激の対呈示を中止すれば学習された反応は次第に弱まり，消去される。この理屈を応用し，例えば犬に強い恐怖感を示す子どもの治療では，最初は親に抱っこされながら安心できる環境で遠くから犬をみる練習から始め，その状況に慣れたら（拮抗条件づけについては2章参照）少しずつ距離を詰めていく（**図9.5**）。距離を詰められるたびに，親がすかさず子どもの頑張りをほめたり，労う。最終的には犬に触れられるところまで近づき，一緒に遊べるようになるところまで子どもの恐怖反応を消去させる。これは，子どもは犬と一緒にいても安心だ，ということを段階的に学習した結果と考えられる。

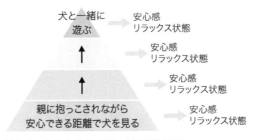

図9.5　古典的条件づけによる行動変容

ii) オペラント条件づけによる行動療法

　オペラント条件づけによる行動変容では，強化と罰の操作を行う。人の行動が生じる前には，その行動の引き金となりうる先行刺激があり，人がある行動をとったときによい結果が得られれば，その行動頻度は増えるし，悪い結果が得られれば行動頻度は減る（**図9.6**）。幼い子どもは親に褒められると，褒められた行動を好んでするようになるし，嫌な思いをした行動を避けるようになる。この原理を生かし，人の問題行動が何によって維持されているかを考えるとき，その行動にはどのような報酬（利益）があるのかについて分析し，問題行動をしても報酬が得られないようにする，

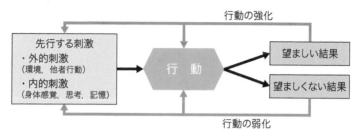

図9.6 刺激−行動−結果の連鎖

あるいは行動をしないもしくは別の行動をすることによって代わりになる報酬を得られるようにするなどの操作を行うことによって、学習された問題行動を変容させることができる。すぐに学習を達成することが難しい目標行動があったとしても、まずは非常に簡単な行動から始め、段階的に難易度を上げながら強化を繰り返し、目標とする行動に近づける（シェイピング）こともできる。

iii）観察学習による行動療法

モデルとなる望ましい行動を直接見せる、あるいは映像などで間接的に見せる方法を用いて、それを模倣させることで望ましい行動の習得を図る（モデリング）ことができる。面接では、セラピストとクライエントの間でロールプレイ（役割演技）を用いて、クライエントがこれから習得していこうとする行動様式を練習することもある。人の問題行動が観察によって強化されている可能性を考慮し、問題行動が生じる環境を操作することによって、行動を変容させることも可能である。

D. 認知療法・認知行動療法

行動療法では、科学性を追求するために観察不可能な人の内的世界についてはブラックボックスとみなしてきた。しかし、1960年代に入りコンピューター技術の発展に伴い、人間の情報処理の仕方について注目が集まるようになると、人間の行動を「刺激−反応」の図式ではなく、人は刺激をどのように読み取り、解釈し、どのような予測や評価を行うことで特定の反応を生

じさせるのかという，媒介要因として直接観察できない「認知」の概念を重視する流れが生まれた。

i）認知療法

　ベックによって創始された認知療法では，出来事そのものが人に不安や抑うつの感情をもたらすのではなく，個人が出来事をどのように解釈するかによって生じると考える。例えば，大事な試験が1週間後にあるという状況では，人は「あと1週間しかない」と考えるから不安になる。ベックは抑うつにつながる非合理的な認知を理解するため，スキーマ（人が保持する知識，信念体系を指す中核部分）や自動思考（ある状況で自動的に浮かび上がってくる思考やイメージのこと），そして推論の誤り（出来事の解釈パターン）といった概念を用いて問題を説明しようとした。認知療法では，非合理的な信念をより合理的な信念へと置き換えることで，うつ病の治療が可能だと考える。その後，認知療法と行動療法を統合した認知行動療法が誕生した。

ii）認知行動療法

　認知行動療法では，個人が抱える問題を環境（個人が置かれた状況）と個人の反応との相互作用という観点から理解しようとする。個人の反応には，認知，感情，行動，身体反応の四側面が含まれ，それぞれが連鎖を形成していると考える（**図9.7**）。この連鎖は悪循環することによって何らかの問題を発生させたり，問題を維持させたり，時には悪化させたりする。認知行動療法では，まず自分の身に何が起こっているのかについて図の認知行動モデルで理解し，問題の促進・維持要因を特定し，悪循環を断ち切るためにどのような手立てが必要かを検討する（**図9.8**）。その上で，クライエントに対して問題に関する知識や情報（認知行動モデルの考え方，うつ病患者であればうつ病の知識など）を伝え，それによってもたらされる諸問題や諸困難に対する対処法を習得させる心理教育を行い，セラピストとクライエントが問題を共有してともに力を合わせてクライエントの問題に取り組むという協働的な関係性を重視する。将来的には，クライエン

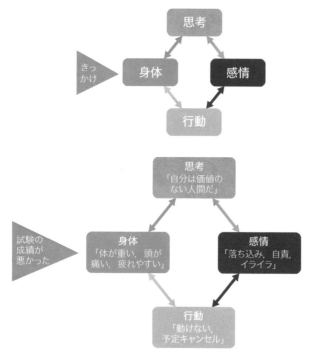

図9.7　認知行動モデル

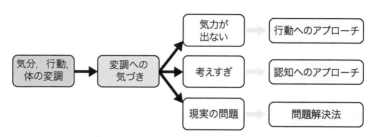

図9.8　認知行動療法における介入の基本型

トがセラピスト抜きでも自分の問題に対処できるようになることを目指す。

E. 家族療法

　家族療法とは，家族を対象にした心理面接の総称である。家族療法では，問題を呈する家族内の人物をIP（患者とみなされる人）と捉え，問題を個人

心理療法と医療保険

　日本には，原則すべての国民が公的な医療保険に加入するという「国民皆保険制度」があり，私たちの生活を支えている。もし，病気やケガのために病院に行って治療を受けなければならないとき，私たちはそこで発生する医療費の全額を支払うわけではない。医療保険から医療機関に治療費が支払われていて（これを診療報酬という），私たちが支払うべき金額はそのうちの一部である。精神科医による精神療法（通院・入院・在宅などの種類がある）にも一定の診療報酬が決められている。現時点において，公認心理師や臨床心理士が医療機関で行う心理療法，カウンセリングには医療保険が適用されない。2010年に初めて認知療法・認知行動療法が保険診療報酬の対象となったが，あくまで認知療法・認知行動療法に習熟した医師が30分以上実施した場合」と医師に限定されている。さらに，その後医師および看護師が共同して行う場合にも保険診療報酬の対象となったが，2020年の現時点では心理職が行う場合はその対象とはされていない。

に結びつけるのではなく，問題は家族全体の動きで発生し，維持されると考える（11章参照）。家族療法では，主に家族内の関係性を扱うことが多く，家族関係の理解を促し，関係の変容を試みることで問題の解決を図ろうとする。心理療法が個人を対象にすることが一般的であった時代に，家族面接を中心として家族の関係性を直に観察し，関係に介入する方法を提案し，実践を始めたのはアメリカのアッカーマンであった。時代の変化とともに家族のあり方も変容し，それに応じて家族療法でも家族の考え方や家族への関わり方を変えてきた（**表9.3**）。

　これまでの心理療法の歴史は，お互いの優劣を主張し合いながら競争をもたらし，それぞれが発展を遂げてきた。次第に，各々の心理療法には共通する要素があることが見出され，これまでまったく異なるアプローチだと考えられてきた各々の心理療法の理論や技法が統合され，新たな理論として作り直し，心の支援に役立てようとする立場は統合的心理療法（統合的アプローチ）とよばれている。各々の心理療法の違いは，問題をどのように理解するかという，いわば切り口の違いである。いずれも取り組もうとしているのは，

表9.3 家族療法の分類

- **第一世代家族療法**
  家族の歴史（世代間の交流），家族の形，家族内コミュニケーションに注目するアプローチが誕生する。「有能で万能な専門家が家族を変える」ことが強く意識された時代であり，セラピストと家族には上下関係が発生しやすく，「セラピストが家族をコントロールする」という考え方が中心であった。
- **第二世代家族療法**
  家族の語りの変容，家族との対等性，家族目線での解決を重視したやりとりに注目するアプローチが誕生する。フェミニズムや消費者運動の動きを受け，家族がセラピストに対して徐々に声を上げるようになった時代を背景に，万能な専門家としてのセラピストのあり方が見直される。セラピストと家族の関係の対等性，協働関係を重視し，「セラピストは家族が本来もっている力を引き出す（エンパワメント）」という考え方が重視される。
- **第三世代家族療法**
  さまざまな学派は優劣をつけて排斥するものではなく，各々が重要であり，統合されうるものとして家族療法が見直される。科学的な根拠に基づいた実践を重視する家族療法へと発展する。

クライエントの悩みそのものであることに変わりはない。それぞれの心理療法に優劣をつけるのではなく，そのどれもが心の専門家として携えておかねばならない知識であり，技術であるといえる。

F. 心理療法の効果

心理療法の効果については，クライエントの「良くなった」という主観的な報告（質的な変化）だけでなく，数量化されたデータなどの客観的な指標を用いて評価（量的な変化）されることが望ましい。例えば，心理療法Aを受けるグループ1（治療群または介入群という）と受けない（もしくは別の心理療法Bを受ける）グループ2（対照群または統制群という）に分け，各グループに無作為（ランダム）にクライエントや患者を複数名割り当て，心理療法の実施前と実施後の状態の変化を評価する方法がある（無作為化比較試験）。あるいは，これまでに発表された心理療法の効果に関する論文データを用いて，心理療法の効果を客観的に検証するための統計手法（メタ分析）もある。メタ分析では，効果量（心理療法の効果を客観的に示す統計学

コラム　心理療法に共通する要素－治療関係の重要性とプラセボ効果

　ランバートは，心理療法の効果は何によってもたらされるかについて過去の研究をまとめ，いくつかの効果の要因を抽出した（**図**）。心理療法の効果はクライエントがもっている強さや，置かれている環境などの心理療法以外の要素（心理療法を受けるかどうかにかかわらず回復に役立つ要素）が40％を占めており，次いで心理療法に共通する要素（セラピストとクライエントとの治療関係，共感，温かさ，受容や励ましなど）が30％，心理療法の技法の要因が15％，そしてクライエントの心理療法への期待が15％であった。この報告から，心理療法にはセラピストとクライエントとの関係性が重要な役割を果たすことが注目されはじめた（一方，ランバートが行った分析にはほとんど科学的な根拠がないという批判もある）。ランバートの報告はセラピストとクライエントの関係性を軽んじ，個々の技法重視に走る心理療法家に警鐘を鳴らすことに成功したかもしれない。実際，近年の心理療法は全体的に治療関係を重視している。しかし，それは決して個々の技法を軽視してよいということにはならない。

　心理療法の効果には，クライエントの期待という，いわゆるプラセボ効果（プラセボ＝偽薬，効果がある薬を服用していると本人が思い込むことで病気や症状が改善されること）が関わっている。これとは逆に，プラセボを用いたにもかかわらず，服用前に説明した副作用が出現することをノセボ効果とよぶ。心理療法におけるプラセボ効果について，クライエントが思い込みによって問題を解決していると読むべきではない。クライエントが心理療法の効果を期待できるかどうか，クライエント自身にとって心理療法が重要であり，役に立つものであるという認識をいかに高めることができるかは，心理療法を実施する者の腕にかかっている。心理療法ではクライエントのプラセボをいかに上手に引き出すことができるかが治療効果の鍵となるといえる。医療においても心理学的な関わりにおいても，そこに人と人とが関わりあう環境がある限り，いずれもプラセボ効果の可能性を完全に否定はできないであろう。

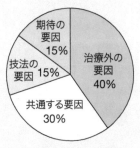

図　心理療法の効果の要因

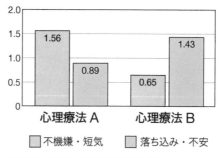

図9.9　症状に対する効果量の違い

的な指標）とよばれる指標を算出する。効果量がゼロの場合はその心理療法には効果がないこと，プラスの場合は効果あり，マイナスの場合は状態の悪化を示す。効果量が大きければ大きいほど，心理療法の効果は大きいことを意味する。**図9.9**をみると，心理療法AとBはそれぞれの症状に対する効果量が異なっていることがわかる。メタ分析によって，それぞれの心理療法の強みや共通点，相違点を明らかにすることもできる。

　心理アセスメント，心理療法は心理学の専門職によって行われる活動である。心理職の資格についてはすでに述べたが，そもそも資格とは資格をもつ者がある特定の行為を行うのに十分な知識と能力を有していることを保証するためのものであり，資格をもたない者がむやみに行うと危険を伴う行為に対して資格が定められている。心の問題を扱う作業は，一歩間違えば相手の心を傷つけてしまったり，相手の心に土足で踏み込んでしまうような事態を招きかねない。一定の教育や指導を受けた者以外がこれらの作業を行うことには慎重であるべきだろう。

参考文献
・赤塚大樹・豊田洋子・森谷寛之・鈴木国文（著），心理臨床アセスメント入門，培風館，1996.
・土居健郎（著），方法としての面接－臨床家のために，医学書院，1992.
・堀越勝・野村俊明（著），精神療法の基本：支持から認知行動療法まで，医学書院，

2012.

・リン・ホフマン（著）, 亀口憲治（監訳）, 家族療法学－その実践と形成史のリーディング・テキスト, 金剛出版, 2005.

・三田村仰（著）, はじめてまなぶ行動療法, 金剛出版, 2017.

・村上宜寛・村上千恵子（著）, 臨床心理学アセスメントハンドブック, 北大路書房, 2004.

・佐治守夫・飯長喜一郎（編）, ロジャーズ クライエント中心療法 新版－カウンセリングの核心を学ぶ, 有斐閣, 2011.

・ジグムント・フロイト（著）, 高橋義孝・下坂幸三（訳）, 精神分析入門（上・下）, 新潮文庫, 1977.

第10章

ストレスと心身の健康

　私たちはストレス社会に生きているといわれる。ストレスという言葉に触れない日はないといってもよいほどである。だが，この語はかなり曖昧な使われ方をしているように思われる。ストレスという言葉は，本来外側から加えられた力によって生じた物体内部の歪みを指す物理学の用語である。これが医学や心理学にもち込まれて使われるようになると，ストレスは心身の安定を脅かす事態の総称として用いられるようになった。ストレスは，外部からの刺激であるストレッサーとそれに対する反応であるストレス反応に分けられる。「受験勉強がストレスだ」というのは厳密にいえば，受験勉強というストレッサーによって「憂うつ」「不安」「退屈」といったストレス反応が生じた，と表現するのが適切である。本章では厳密な定義にこだわらず，ストレッサーによりストレス反応が生じるプロセス全体をストレスとよぶことにする。文脈上，区別を明確にしたい場合は，ストレッサー，ストレス反応などの言葉を使用する。ストレスと心身の健康との関連性については，これまでさまざまな研究がなされてきた。本章では，まずストレスについて概説し，続いてストレスと精神疾患，身体疾患との関係について述べ，最後に健康行動について紹介する。

10.1節 ストレスとは

A. ストレスの生物学的側面

i）ストレスに対する生体の反応

　生体はさまざまな外部刺激（ストレッサー）に対して，心身の平衡（ホメオスタシス）を保とうとする機能をもっている。気温や気圧が変化すれば，生体は自動的にこうした環境変化に適応するように体内環境を調節する。外界の刺激によってストレスを受けたときも同様な調整機能が働く。この機能は主として，自律神経系と内分泌（ホルモン）系によって担われ

ている。ストレス反応に関連する重要な器官の一つが間脳である。間脳は大脳と小脳に挟まれており，間脳の視床下部および下垂体が重要な役割を担っている。また，腎臓の上にある小さな器官である副腎はストレス反応に関する大切なホルモンを分泌している。

　過酷な状況に置かれると，生体は自己の安全を守るための行動をとりやすいように体内環境を変化させようとする。過酷な状況に立ち向かっていく必要がある場合は，そのための心身の状態を保たねばならないし，急いで逃げたり身をかわしたりする方が有利であれば，そのための準備をしなくてはならない。キャノンはこれを闘争－逃走（fight-flight）反応とよんだ。外界の脅威に反応して，動物の交感神経系が反応し，戦うか逃げるかを判断し，それぞれに備えるのである。

　ストレス事態における生理的な変化は交感神経系（自律神経の一部）と内分泌系によりもたらされ，主に間脳と視床下部で制御されている（図10.1）。まず，視床下部－交感神経－副腎髄質軸（sympathetic-adrenal-medullary axis: SAM軸）では，視床下部を介して交感神経系が刺激されると，副腎髄質が刺激されてアドレナリンやノルアドレナリンなどのホルモンが放出され，生理的な興奮状態が保持される（例：心拍数や血圧の上昇，瞳孔の散大など）。もう一つは視床下部－下垂体－副腎皮質軸（hypothalamic-pituitary-adrenal axis: HPA軸）であり，視床下部から副腎皮質刺激ホルモン放出因子（CRF）が放出され，それにより視床下部に連なる下垂体より副腎皮質刺激ホルモン（ACTH）の分泌が増加する。その結果，副腎皮質から血中の糖質コルチコイドというホルモンが分泌される。これらの経路は相互に複雑なフィードバックを受けながら生体を安定させるために機能しており，生体がストレスに適応し，生体を維持するために非常に重要な役割を果たしていると考えられている。

ii）セリエのストレス学説

　今日のストレス学説の礎を築いたセリエは，外部刺激の種類によらず生体は類似する生理的な反応を引き起こすことに着目し，これを汎適応症候群とよんだ。汎適応症候群は以下の3期に区分される（図10.2）。

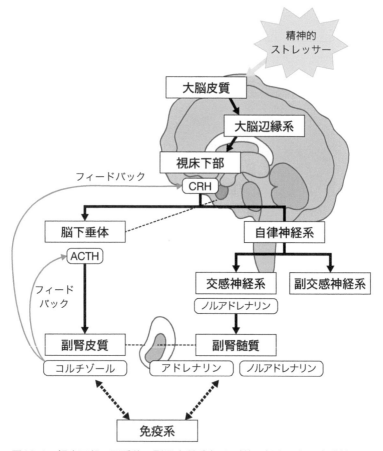

図10.1　視床下部－下垂体－副腎皮質系（HPA軸）と視床下部－交感神経－副腎髄質系（SAM軸）（田中, 2008）

第1期：警告反応期　ストレスを受けると生体には，血圧の低下，心臓機能の低下，骨格筋の緊張や脊髄反射の減弱，体温の低下，意識水準の低下などの一連の状態が起きる（ショック相）。しかしその後，前述のHPA軸の活動が高まり，ストレスに適応して身体を守る機構が働き始める（反ショック相）。

第2期：抵抗期　ストレスに対する生体機能が一時的に確立され，安定する。ストレスに耐え，適応していく時期であり，警告反応期の症状は軽

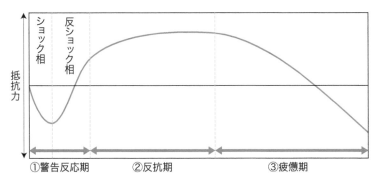

図10.2　汎適応症候群のプロセス
横軸は時間を示す。

減される。

第3期：疲憊期　ストレッサーが長期に渡って続くと，この一時的に作ら
　　れた安定状態を維持できなくなる。身体の諸器官が協調的に働かなくな
　　り，ホメオスタシスが失われて生体機能は破綻してしまう（その結果，
　　病気リスクが増大する）。

　生体がストレスをしのぐことができれば第2期で安定するが，何らかの理
由で失敗すると破綻してしまう。セリエは生体の反応の中でもHPA軸に着
目してストレス理論を構築し，ストレッサーを「ACTH分泌を増加させる
有害刺激」と定義した。一方，適度なストレスは心身の健康のために必要で
あるとも考え，「ストレスは人生のスパイスである」という言葉も残している。

B. ストレスの心理社会的側面

　ストレスは身体だけでなく心理面にも影響を与えている。また，私たちは人
間社会の中で生きていくことによってさまざまなストレスにさらされている。

i）ライフイベント

　ホームズとレイはストレッサーになりうるライフイベント（人生上の出
来事）について検討し，定量化を試みた。結婚後，それまでの日常生活の

表10.1　社会的再適応評価尺度（Holmes＆Rahe, 1967）

配偶者の死	100	息子や娘が家を出る	29
離婚	73	親戚とのトラブル	29
配偶者との離別	65	自分の特別な成功	28
拘禁や刑務所入り	63	妻が働き始める, 辞める	26
家族の死	63	入学・卒業	26
自分のけがや病気	53	生活条件の変化	25
結婚	50	習慣の変更	24
失業・解雇	47	上役とのトラブル	23
婚姻上の和解	45	労働条件の変化	20
退職	45	住居の変化	20
家族の健康上の変化	44	転校	20
妊娠	40	気晴らしの変化	19
性的な障害	39	宗教活動の変化	19
新しい家族ができる	39	社会活動の変化	18
ビジネスの再調整	39	1万ドル以下の借金	17
経済状態の悪化	38	睡眠習慣の変化	16
親友の死	37	同居家族数の変化	15
仕事の変更	36	食習慣の変化	15
配偶者との喧嘩の数	35	休暇	13
1万ドル以上の借金（抵当）	31	クリスマス	12
借金やローンの抵当流れ	30	軽微な法律違反	11
職場での責任の変化	29		

　パターンに戻るまでの心的エネルギーを50として，さまざまな人生上の出来事がどのくらいの数字に相当するかを点数化（ストレスマグニチュード）し，社会的再適応評価尺度と名付けた（**表10.1**）。この尺度には，離婚や失業，退職などネガティブなライフイベントだけでなく，クリスマスや休暇などポジティブなイベントも含まれている。その後の研究では，ポジティブな出来事よりもネガティブな出来事の方が心理的にも身体的にも健康により大きな影響を与えることが示された。

　この方法では，個人差を説明することができないという批判がある。確かに，人生や日常生活におけるさまざまな出来事がもつ意味合いは個人により異なる。「配偶者の死」が大きなライフイベントであることは間違い

ないが，それに対して強いストレス反応を起こす場合もあれば，起きない場合もある。非常に困難な状況に置かれても，乗り越えられる人もいれば，その状況に打ちのめされてしまう人もいる。ストレス反応に影響を与えるのはストレッサー自体だけではなく，ストレスを受ける側の個人的な要因にも注目する必要がある。

ii）ストレスの心理学的モデル

①認知的評価モデル　ラザルスとフォルクマンは，ストレス事態における心理学的な要因，特に認知的要因を重視し，ストレス反応の個人差が生じる要因を説明する心理学的モデルを提唱した。このモデルでは，ストレスは個人と環境との間の相互作用的（トランスアクショナル）な関係の中で発生しており，ストレッサーとストレス反応の間に認知的評価（ストレスの程度を評価する認知過程）が媒介すると考える。彼らのモデルは認知的評価モデルともよばれる。

　認知的評価は，一次的評価と二次的評価，そして再評価の3段階で行われる。一次的評価では，出来事に対する脅威性の評価が行われる。ここで「あまり大したことではない」と評価されれば，その出来事はストレッサーとして大きな意味をもたず，ストレス反応は消失する。しかし，自分にとって脅威である，または大切なものや人を失うかもしれないという意味づけがなされると，ストレッサーとしての意味をもつようになり，次の二次的評価に移行する。二次的評価では，ストレッサーに対処したりコントロールすることが可能かどうか（対処可能性）の評価が行われる。対処が可能だと判断されれば対処の実行に移り，対処がうまくいけばストレス反応は弱まる。ここで対処できないと評価されれば，ストレス反応が増大する。そして再評価とは，個人の内外からの新しい情報に基づき，評価を変えることを意味する。一次，二次それぞれの評価が見直されることで，脅威や対処可能性の評価も変わり，その結果ストレス反応にも変化が生まれる。再評価に関しては，ラザルスらは認知的評価に含めたものの，これは後述するコーピングとの区別が難しいとされている。

②**コーピング**　ストレッサーが脅威であると認知的評価がされた場合，何らかの対処が求められる。ストレス事態に対して対処を行うことをコーピング（対処行動）という。前述した二次的評価は，ストレス事態に対してコーピングが可能かどうかの判断を行っているともいえる。コーピングは問題焦点型コーピングと情動焦点型コーピングに大別される。問題焦点型コーピングは，外部刺激や外部環境に働きかけることで対処する，すなわち個人にとって問題となるストレッサーに直接働きかける方法（例：問題解決）である。情動焦点型コーピングは，ストレッサーそのものに対してではなく，それによってもたらされる情動反応を統制・軽減することでストレスに対処しようとする方法（例：気晴らし）である。短期的にみれば，情動焦点型コーピングは私たちの気分の改善に役立つため，過度のストレス状態から抜け出し，健康を維持するためには有効だが，問題は解決されないままである。私たちはストレッサーそのものの強さを軽減する行動と，自分自身の感情をコントロールしたり認知を修正する行動の両面からの対処が求められている。

iii）ストレス反応に影響を与える個人的・環境的要因

①**ソーシャルサポート**　同じようなストレスを受けても，周囲に頼れる家族や友人がいるかいないかで，私たちの心の安定は大きく違ってくる。キャプランは精神的な健康の維持における周囲の人々の果たす役割を強調し，周囲の人々から受ける物質的・心理的な援助をソーシャルサポートとよんだ。ソーシャルサポートには直接的および間接的な援助があり，情緒的サポートと道具的サポートに大別される。

1）**情緒的サポート**：情緒を安定させるサポート。傾聴や励まし，慰めなどがこれにあたる。主として家族や友人などの人間関係のつながりで得られるものである。

2）**道具的サポート**：金銭を与える，業務を手伝う，効率化のための機械などを導入する，必要な知識を与えるなどがこれにあたる。直接的な効果をもつ。

　ソーシャルサポートには，ストレッサーに直面したときにストレスを

緩和するストレスの緩衝効果，そしてストレッサーの有無にかかわらずソーシャルサポートがもたらす有益な効果である直接効果がある。ストレス事態において，ソーシャルサポートが利用可能だと判断されれば，前述した二次的評価の対処可能性を高めることができる。また，ソーシャルサポートは危機介入において重要なポイントとなる。援助の量だけでなく，援助を受ける側がどのように認知するかも重要である。周囲の人から受け入れられ，支持されていると感じることは，ストレスとなっている出来事に対処する上で重要な役割を担うとされる。

②**個人的要因**　人は脅威となるような出来事に遭遇したとしても，同じように反応するわけではない。個人がもつ特性次第では，出来事によってもたらされる苦痛の程度に差が生じることが知られている。ここでは，ハーディネスとレジリエンスの二つを紹介する。

　コバサは深刻な状況に陥っても，心身の健康を保つことができる人たちに焦点を当てた研究を行い，ハーディネスという考え方を提唱した。ハーディネスとは，深刻な心理的苦痛が生じる状況下であっても精神的健康を維持できるストレス対処の礎となる特性を意味する。ハーディネスの特徴を有する人は，ストレスフルな出来事を経験してもそれを肯定的に認知し，自分でコントロールでき，ストレスによっても傷つきにくいとされている。ハーディネスは以下の3つの要素から構成される。

1）**参加意欲**（コミットメント）：ストレスに逃げずに立ち向かっていくことが大事であるという強い信念がある。さまざまな状況や人間関係に関わることを刺激的で有意義だと考える。無力感や空虚感にとらわれることも少ない。

2）**制御感**（コントロール）：自分自身が人生のさまざまな変化をコントロールしていると感じている。困難に直面しても何とかなる，乗り越えられない困難はないと信じて疑わないという態度をいう。

3）**挑戦意欲**（チャレンジ）：変化は安全への脅威ではなく，成長の機会であるという信念をもつ。困難やストレスは生きていれば当然体験するもので，それによって人間は学び，成長していけると考える。トラウマ（心的外傷）や逆境，悲惨な出来事，進行中の重要なストレ

ッサーに直面しても適応を示す過程や能力のことをレジリエンス（精神的回復力）とよんでいる。これまでの研究において，悲惨な出来事を体験することによって，必ずしも不適応的な状態に陥るわけではないことが示されており，人は逆境においても自身の精神状態を回復させる柔軟性をもつと考えられている。レジリエンスには，「現実的な計画を立て，それを実行する手段を講じる能力」，「自分に対するポジティブな見方，自分の強さや能力への自信」，「コミュニケーションと問題解決スキル」，そして「強い感情や衝動を管理する能力」の4つの構成要素が含まれる。

　その他にも多くの要因が個人のストレス反応に影響を与えていることが知られている。例えば自己効力感もその一つである。ある行動がどのような結果を生み出すかという予期を表す「結果予期」，そしてその行動を自分はどの程度確実にできるかどうかという「効力予期」は個人の対処可能性を高めるだろう（2章参照）。逆に，学習性無力感に支配されていれば，ストレス場面で自分の能力を発揮できない可能性が高い。また，真面目・勤勉・几帳面などのうつ病の病前性格として記載されるパーソナリティ傾向は，負荷を自ら増やしてしまう可能性がある。

コラム　共感疲労と援助者の疲弊

　トラウマティックイベントは当事者のみならず，それに関わる援助者にも強い影響を与えることがある。援助者が心的外傷等を被った患者に熱心にかかわることは，当然精神的な負荷を受けることになる。これを共感疲労とよぶ。共感疲労は比較的短期的な経験の結果であるが，一方でゆっくりと時間をかけた累積的な疲労の結果，生じてくる場合もある。これをバーンアウトという。マスラックとジャクソンはバーンアウトを「人を相手とする仕事を行う人々に生じる情緒的消耗感，脱人格化，達成感の減退の症候群である」と定義した。情緒的消耗感とは，人を相手として仕事をする過程で消耗し，心的エネルギーが枯渇した状態である。脱人格化とは，サービスの受け手に対する無情で非人間的な対応を意味する。達成感の減退とは，自分の仕事ぶりを否定的に評価する傾向である。バーンアウトは抑うつ症状と同様，医療現場において高い頻度で生ずることが知られている。

A. ストレスと精神疾患

　精神疾患は素因と環境因が絡みあって生じると考えられる。これらの要因を一つに統合しようとする試みがストレス脆弱性モデルである。このモデルは**図10.3**のように模式化される。横軸の「脆弱性」はその個人の内的な要因（素質，体質，学習された能力，ストレスへの対応力，さらには遺伝的要因や身体疾患などの医学的要因も含まれる）を，縦軸はストレスの強さを示している。同じ程度のストレスであっても，脆弱性が大きければ精神疾患を発症しやすくなる。一方，かなりの脆弱性が認められても保護的な環境下にあれば，精神疾患を発症しないこともありうる。個人が遭遇するストレッサーの特性や強度，持続時間，種類なども影響を与える。ストレスに対して適切なコーピングを行うことで精神疾患の発症を予防したり，再発を防ぐことができる可能性もある。

　この議論をさらに一歩進めたものが，エンゲルによって提唱された生物－心理－社会モデルである。これは，精神疾患の発症には生物的要因（細胞，遺伝，神経），心理的要因（ストレス，感情，認知，行動），そして社会的要因（人間関係，経済状況，文化）のすべてが関連するという考え方である。例えば，「女性はやせている方が美しい」という価値観が強固な文化では，摂食障害を発症する女性の数が増えるであろう。生物－心理－社会モデルは発症を説明するだけでなく，治療を行う上でも有用なモデルである。治療者

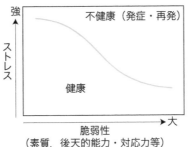

図10.3　ストレス脆弱性モデル

は，ある一面からの治療にこだわらず，多面的に介入することが必要であることを示している。

コラム 診断基準（DSMとICD）

　精神医学において，世界的に用いられている診断基準には，国際疾病分類（International Classification of disease 10: ICD-10）及び，アメリカ精神医学会の精神障害の診断と統計マニュアル（Diagnostic and Statistical Manual of Mental Diseases: DSM-5）の二つがある。ICD-9（1975）およびDSM-Ⅱ（1968）までは病因論に基づいた分類体系を目指していたが，DSM-Ⅲ（1980）およびICD-10（1992）からはいずれも病因による分類を避け，症状によって疾患分類を行うことを特徴としており，操作的診断基準といわれる。ICDは世界保健機構（WHO）が定める国際疾患基準であり，あらゆる疾患が記載されていてこのうち精神疾患はFのコードに記載されている。DSMはアメリカ精神医学会の定めた基準であるが，世界的な影響力を有している。どちらも数年〜数十年で改定作業が行われる。両者はおおむね対応しているが，一部に違いもみられる。

B. 主な精神疾患

　気分，思考，記憶，感覚，意欲，自己意識などの精神症状の異常を示すものが精神疾患とされているが，その大多数は病因が明確にされていない。近代精神医学の礎を気づいたクレペリンは，病因−症状−経過−転帰により精神病院の患者を分類することにより，疾患単位として「統合失調症（早発性痴呆）」と「双極性障害（躁うつ病）」を抽出した。例えば，肺結核という病気は，結核菌に感染し（病因）−微熱と咳を中心とした症状が出現し（症状）−徐々にそれらの症状が増悪して（経過）−やがて治癒に至るか，死に至る（転帰）。さらに肺結核であれば，胸部レントゲン写真で特徴的な陰影が確認できるし，不幸にして亡くなれば死後解剖して病巣に特徴的な病変（病理所見）が生じていたことが確認できる。クレペリンはこうした身体医学の原理に基づいて精神医学にも疾患単位を確立しようとしたといえる。クレペリンの業績はその後の精神医学に大きな影響を与え続けたが，100年以上たった現代でも病因の同定はできていない。患者により症状や経過は多様であって，

統合失調症にしても双極性障害にしても，診断の妥当性や信頼性に関する議論は道半ばというところである。

　とはいえ，画像診断や精神神経薬理学の進歩，疫学研究，遺伝研究，臨床経験の蓄積などにより精神疾患をより確からしい基準によって分類する試みが行われている。現時点では，病因（病気の原因）については結論が出ていないので，症状によって分類する試みが主流である（コラム）。経験的に，Ⅰ．明らかに身体的要因によって生じる精神障害，Ⅱ．身体的要因（脆弱性）を基盤として生じる精神障害，そしてⅢ．主として心理社会的要因により生じると考えられている精神障害に大別される。ただし，あらゆる精神障害をもれなく分類するのは難しい。また，精神疾患（もしくは精神障害）のすべてについて，ストレス脆弱性モデルないし生物−心理−社会モデルが当てはまるのであり，単純に身体的要因のみ，あるいは心理的要因のみで発症する精神障害はごく稀である。

コラム　精神疾患の種類

Ⅰ．身体的な要因から直接精神症状が生ずるもの
　　軽い不安や抑うつから幻覚・妄想などの精神病症状まで多岐にわたっている。
1）**脳器質的精神障害**
　　感染・脳腫瘍・脳血管障害・脳の変性疾患などにより多彩な精神症状が生ずるものである。
2）**症状性精神障害**
　　甲状腺機能亢進症あるいは低下症・糖尿病など脳以外の身体疾患により精神症状が生ずるものである。
3）**物質関連障害**
　　アルコール・覚せい剤・シンナーなどの物質の乱用・依存・中毒などにより精神症状が生ずるもの。

Ⅱ．主として個人の脆弱性（発病しやすさ）が関係していると推定される精神障害
1）**統合失調症**
　　いわゆる精神病にあたる。幻覚・妄想などの陽性症状，意欲低下・感情の平板化などの陰性症状，言動のまとまりがなくなるなどの解体症状を示す。青年期から成人期に好発する。予後は多様であり，かつて考えられていたほど悲観的では

ない。
2) 気分障害（双極性障害・うつ病）

うつ病エピソードの主たる精神症状は抑うつ気分・興味関心の喪失・無気力などである。多くは睡眠障害や食欲低下を伴う。うつ病エピソードだけをもつうつ病と躁病エピソード（多弁多動・過活動・爽快気分・易怒性など）を併せもつ双極性障害とに分けられる。うつ病が重症だと罪悪感にさいなまれ，自殺に至るリスクがある。近年ではうつ病と双極性障害を別の疾患とするという考え方もある。

III．心理社会的要因が主たる要因と推定される精神障害

多彩な精神症状や身体症状を示すが，中核には強い不安感があると想定されている。フロイトが精神分析理論に基づいて神経症（ノイローゼ）としたものがこれらに対応している。全般性不安障害・恐怖症・強迫性障害・パニック障害・身体表現性障害・解離性障害・摂食障害などが含まれる。また，明らかなストレス体験に反応して生ずるものをストレス関連障害（急性ストレス障害・外傷後ストレス障害・適応障害など）という。

IV．心理的発達の障害

子どもの成長発達の過程で明らかになってくる精神障害をいう。規定に素因があって，これに養育環境や生活環境が影響を与える。注意欠如多動性障害・広汎性発達障害（自閉症スペクトラム障害）・学習障害などが含まれる。

V．パーソナリティ障害

パーソナリティ特性の偏りのために社会適応上の問題が生じ，「自分自身が悩むか周囲が悩む」（シュナイダーによる定義）ものをパーソナリティ障害としている。いろいろな分類の仕方がある（7章参照）。

C. 精神疾患の治療

精神疾患の治療には，大別して身体療法と心理社会的療法がある。身体療法には，薬物療法・電気痙攣療法・経頭蓋磁気療法などがある。薬物療法は画像診断の進歩と並行して研究開発が進められ，この数十年で大きな進歩をとげた。精神科治療の中心であり，抗精神病薬・抗うつ薬・気分安定薬・抗不安薬・中枢刺激薬・睡眠薬などの多様な薬物が使用されている。これらを向精神薬と総称している。心理社会的療法は，心理療法（9章参照）・作業療法など個人的，集団的に心理や行動に働きかける治療法と，ケースワーク

（個別援助技術）やデイケア（日帰りで行う通所サービスで，社会復帰のための集団的プログラムのこと）・福祉作業所などでの生活支援の総称である。患者の病状と生活に合わせて，あらゆる側面から治療・支援していくことが必要である。

D. ストレスと身体の健康

　ストレスは身体疾患にもさまざまな形で関連する。ストレスにより生ずる自律神経系や内分泌系の変化は，身体の多くの臓器に影響を与えるだけでなく，免疫機能の低下をもたらすことが示唆されている。例えば，慢性的なストレス状態にある人は常に交感神経系が興奮しており，これが高血圧や動脈硬化につながりやすいことが示唆されている。また，ストレスをアルコールの過剰摂取，喫煙，食べ過ぎなどの好ましくないコーピングで対処しようとすれば，中長期的には身体の健康に大きな影響を与えるであろう。ストレスのため偏った食生活，運動不足，睡眠不足など生活習慣の乱れが生じれば，脳卒中・糖尿病・心疾患・一部の癌などの生活習慣病の発症要因になる。

　このようにストレス，偏った生活習慣，精神疾患，身体疾患は相互に悪循環を形成しやすい。ストレスによって飲酒が習慣化すれば，アルコールそのものがうつ病の発症・増悪要因になるだけでなく，睡眠に悪影響を与えることがうつ病の発症・増悪要因になる。また，精神疾患に罹患すれば，健康的

タイプA行動パターンと虚血性心疾患

　タイプA行動パターン（以下，タイプA）とは，目的の達成のために時間に追われる感覚をもつ，些細なことで敵意を強める，達成意識が強く，競争的であるといった特徴をもつ（タイプA特徴が低い反対のタイプをタイプBという）。虚血性心疾患（心筋梗塞や狭心症など）の患者に特有の行動パターンとして，フリードマンとローゼンマンによって提唱された。フリードマンらは3500人を超える人たちについて8年半の間追跡調査を行い，タイプAの人はタイプBの人に比べて虚血性心疾患の発症が2倍以上多かったことを見出した。タイプAは，睡眠時間が短いこと，喫煙や多量飲酒などの不健康な行動と関連が示唆されており，それらの行動を介して疾病に影響することも考えられている。1970年代頃から，タイプAと虚血性心疾患との関係を否定する研究（タイプAの全体的な特徴との関係を否定するもの）がみられるようになったが，敵意は依然として虚血性心疾患と関係が強いことが明らかにされている。

な生活を維持する気力が保持しにくくなり，それが身体面の病気を引き起こす要因になる。一方，運動習慣はうつ病や認知機能低下を予防するとされる。日本食，地中海料理に多く含まれる脂肪酸・葉酸・ビタミンB群・亜鉛などの栄養素は，うつ状態などを改善する可能性が知られている。したがって，私たちの心身の健康を保持するためには，悪循環を断ち切って，いかにして好循環に入るかが大切である。以下では，こうした健康の維持に重要な行動をどのように形成していくかについて述べる。

E. 健康行動

　健康行動とは，自らの健康を維持・増進するために行う望ましい行動のことである。キャスルとコブは健康行動を以下の3つに分類している。

　①**保健行動**　症状がない段階で病気の予防や健康維持のために行うさまざまな行動のことである。例えば，外食を避け，朝食をきちんと取るといった食習慣，体重管理，定期的な運動などが挙げられる。医学的なものでいえば，定期的な健康診断や予防接種を受ける，うつ病にならないためにストレス管理法を学ぶこともこれに含まれる。

②**病気対処行動**　病気の兆候かもしれないと思う症状がある場合に人がとる行動のことである。気になる症状があるときに家族や友人に相談したり，健康の知識のある専門家にアドバイスを求めたりする行動はこれに含まれる。

③**病者役割行動**　病気だと指摘され，診断された人が病気の回復を目指して行われる行動のことである。処方された薬をきちんと飲む，定期的に病院に通う，医師の指導に従って生活に気をつける，リハビリを行うなどの行動がこれに当てはまる。

　健康を阻害するリスク要因の一つとして，人の習慣的な行動が挙げられる。健康の維持・増進にとって望ましい行動習慣をもたない人に対しては，健康をもたらすために行動を変化させる（行動変容）ことが必要である。ここでは，健康行動や行動変容を説明する代表的な理論のうち，健康信念モデルと多理論統合モデルを紹介する。

i）健康信念モデル（Health Belief Model: HBM）

　ローゼンストックらによって提唱された古典的な健康行動の理論モデルである。健康信念モデルでは，医師や友人など周囲の人の勧めやマスメディアによる影響などによる「行動のきっかけ」から，健康を損なうかもしれない・ある病気にかかるかもしれないという「認知された脆弱性」そして病気によって重大な結果がもたらされると感じる「認知された重大性」によって病気への危機感（脅威）が生み出されると考える。そして，健康を維持・増進するために望ましい行動をとることが自分にとってメリットとなるか（認知された利益），デメリットとなるか（認知された障害）の判断によって，健康行動が起こるかどうかが決まるとされている（**図10.4**）。望ましい健康行動が起こるには，人がその行動を起こす能力に関する自信（自己効力感）も重要になる。どんなに危機感を募らせ，健康行動の利益を認識したとしても，必要な健康行動を起こすことができるだろうという見込みがなければ，健康行動は起こりにくくなる。また，病気への危機感があまりに強すぎる場合，人は回避行動に走りやすくなるとも考えられている。

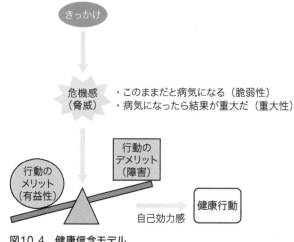

図10.4 健康信念モデル

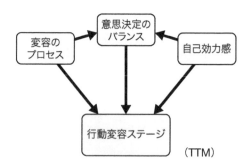

（TTM）

図10.5 多理論統合モデル

ii）多理論統合モデル（Transtheoretical Model: TTM）

　多理論統合モデルはプロチャスカによって提唱された行動変容に関する説明モデルである。TTMは,

1. 行動変容ステージ
2. 意思決定のバランス
3. 変容のプロセス（いかに変わるか）
4. 自己効力感（変われるという自信と結果予期）

という4つの基本要素で構成されている（**図10.5**）。1の行動変容ステー

表10.2　喫煙における行動変容ステージの質問例

前熟考期	あなたは禁煙に興味がありますか？
熟考期	あなたは今，禁煙をしようと考えていますか？
準備期	あなたは禁煙の具体的な準備をしていますか？
実行期	あなたはすでに禁煙を始めていますか？
維持期	あなたは禁煙を継続していますか？

ジの移行に2～4の要因が関与すると考えられている。

1の行動変容ステージには次のような5段階があるとされる。TTMの行動変容ステージの評価のための問いかけの仕方を**表10.2**に示す。なお，この行動変容ステージは前熟考期から維持期まで順調に進むとは限らず，逆戻りも起こりうる。

①**前熟考期**：変化の必要性を感じていない段階。6か月以内に行動を起こす意思がない。この時期の戦略としては，各個人に応じてリスクとベネフィットに関する情報を提供する。

②**熟考期**：変化のための準備を始めた段階。6か月以内に行動を起こす意思がある。この時期の戦略としては，動機づけを高め，具体的な計画を立てることを勧める。

③**準備期**：具体的な行動に移ってはいないが，行動を30日間以内に開始する意思がある。この時期の戦略としては，明確な活動計画を作成する。目標を設定し，計画の実施を支援する。

④**実行期**：行動を開始して6か月以内未満である。この時期の戦略としては，行動開始後に生じた問題を解決する。行動を強化するための支援を行う。

⑤**維持期**：行動を開始し，継続して6か月以上経っている。この時期の戦略としては，行動を継続できるようにするため，失敗や後戻りを防ぐための支援を行う。

行動変容のためには，行動変容ステージのそれぞれの段階に応じた10の変容プロセスがあるとされる。以下では，新たな行動を始める前熟考期から準備期までの「認知的プロセス」と，開始した行動を維持する実行期と維持

期のための「行動的プロセス」の二つに分けて説明する。

①**認知的プロセス**　前熟考期から準備期は，認知的な変容を促すことが必要である。この時期は，自分の行動が自分自身や周囲にどのような結果をもたらすのかを認識した上で，健康的な生活習慣に変える必要があることに気づく時期である。まず，その行動について今まで気がついていないメリットについての気づきを促す。相手の気持ちに耳を傾けながら，変わろうとする気持ちを引き出すように試みる。行動を行わないことに対して，なぜそのような気持ちが起きないのかを探索することもよいかもしれない。これまでの失敗などの苦い経験が背景にある場合もある。熟考期は行動を変えることに興味はもつが，迷いと先延ばしの気持ちに揺れる時期ともいえる。この時期には，より具体的な行動について考えるようにする。その際，できるだけ無理なく行えて，リラックスできて，負担が少ないことを重視する。また，他の誰かがうまくいった経験などの情報を得ることも有用である。自分が行動を変えることにより，今後どのような生活になるのか，どんな自分になるのかをイメージできることが大切である。準備期では，変化への心の準備はできたが，最後の決心ができていない状態にある。変化に向けた強い気持ちを高めるために周囲の人たちに宣言したり，自己効力感を高められるように支援したり，活動計画を立てるように促したりすることも大切である。

②**行動的プロセス**　目標行動を設定して行動を始めたとしても，その行動を継続していくためにはさまざまな工夫が必要である。実行期から維持期にかけては，不健康な行動を健康的な行動に置き換えていく（例：ストレス発散に飲酒行動をするのではなく，運動をして対処する）だけでなく，自分が行動したことについて達成感や喜びを高められるよう，自分に褒美を用意することもよい。また，逆戻りして元の状態に戻ってしまうこともよくある。このような場合は，周囲からサポートを得たり，計画した行動に取り組みやすい環境づくり（例：時間の管理を上手に行うなど）をする。また，逆戻りの原因を予測して対策を具体的に書いておくことも大切である（例：行動が乱れるきっかけとなる刺激を避ける，

行動のきっかけとなる刺激を増やす）。そして，このような逆戻りを失敗と捉えるのではなく，変化の過程で起こりうるプロセスの一部と考え，粘り強く関与を続けていくことが大切である。

引用文献
・Holmes, T. H., Rahe, R. H., The Social readjustment rating scale, *Journal of Psychosomatic Research*, 11, 213-218, 1967.
・田中喜秀, 臨床検査, 52, 441-449, 2008.

参考文献
・尾崎紀夫・三村将ほか（編），標準精神医学　第7版，医学書院，2018.
・下山晴彦・中嶋義文（編著），精神医療・臨床心理の知識と技法，医学書院，2016.
・曽根智史ほか（訳），健康行動と健康教育－理論，研究，実践，医学書院，2006.（Glanz, L. et al., Health behavior and health education: Theory, research, and practice, Jossey-Bass, 1997.）
・杉晴夫（著），ストレスとはなんだろう　医学を革新した「ストレス学説」はいかにして誕生したか，講談社，2008.
・NHKスペシャル取材班，キラーストレス　心と体をどう守るか，NHK出版，2016.

第11章 家族関係の理解

　広辞苑（第7版，2018年）によれば，家族とは「夫婦の配偶関係や親子・兄弟などの血縁関係によって結ばれた親族関係を基礎にして成立する小集団。社会構成の基本単位」とある。日本はこれまで核家族世帯の占める割合が他の世帯よりも多かったが，核家族世帯数は年々減少している（**図11.1**）。一方，増加を続けているのは単独世帯や夫婦のみの世帯である。また，ひとり親と未婚の子のみの世帯も少しずつ増加しており，三世代世帯は減少する一方である。こうした変化の背景には，日本の人口の少子高齢化，未婚率の増加，65歳以上の単独世帯数の増加がある。

　家族のあり方は時代や社会の移り変わりとともに変化してきた。江戸時代までの伝統的な家族にみられた多産多死の社会から，近代的な家族にみられる少産少死の社会へと転換し，家族の中で子どもは一層愛情をもって育まれることになった。親夫婦や祖父母世代，その他親族などが同居する拡大家族

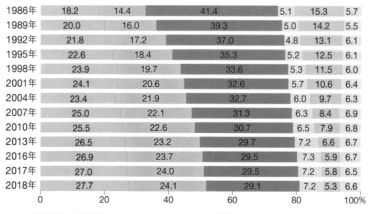

年	単独世帯	夫婦のみ世帯	夫婦と未婚の子のみの世帯	ひとり親と未婚の子のみの世帯	三世代世帯	その他の世帯
1986年	18.2	14.4	41.4	5.1	15.3	5.7
1989年	20.0	16.0	39.3	5.0	14.2	5.5
1992年	21.8	17.2	37.0	4.8	13.1	6.1
1995年	22.6	18.4	35.3	5.2	12.5	6.1
1998年	23.9	19.7	33.6	5.3	11.5	6.0
2001年	24.1	20.6	32.6	5.7	10.6	6.4
2004年	23.4	21.9	32.7	6.0	9.7	6.3
2007年	25.0	22.1	31.3	6.3	8.4	6.9
2010年	25.5	22.6	30.7	6.5	7.9	6.8
2013年	26.5	23.2	29.7	7.2	6.6	6.7
2016年	26.9	23.7	29.5	7.3	5.9	6.7
2017年	27.0	24.0	29.5	7.2	5.8	6.5
2018年	27.7	24.1	29.1	7.2	5.3	6.6

■世帯構造 単独世帯　　■世帯構造 夫婦のみ世帯
■世帯構造 夫婦と未婚の子のみの世帯　　■世帯構造 ひとり親と未婚の子のみの世帯
■世帯構造 三世代世帯　　■世帯構造 その他の世帯

図11.1　世帯構造別世帯数の年次推移（構成割合：単位％）

から核家族へと家族の構造も変化してきた。家族のあり方はさらに多様化し，血縁関係に限らない新しい家族の形は，例えば子どもを連れた再婚者同士の家族（ステップファミリー），里親（親権を有さずに子どもを養育する者），養子縁組の親子，婚姻関係をもたない同棲や事実婚，同性愛者の家族などさまざまである。近代社会では，一般的かつ標準的な家族として認識されてきた家族の形やイメージ（これを近代家族という）に沿うように家族が作られてきたが，今や家族の定義は自分たちで決めるという認識が広まりつつある。

　いかに家族が多様化したとしても，家族内には親密な他者が存在し，家族内で生じる人間関係のパターンや個々人の役割，葛藤，ルールは常に存在している。私たちは原家族（自分が出生した家族）の影響を色濃く受けて成長する。原家族は，現在の私たちの物事の考え方や親役割，男女の役割についての考え方，あるいは対人関係の基盤にも影響を与え続けている。本章では，家族関係を理解するために必要な知識をまとめ，読者自身の家族を振り返りながら学びを深めてもらうことを目的とする。

11.1節　家族をどのように捉えるか

A. 家族を一つのシステムとしてみる

　家族は各々の個性をもった人間の集まりで構成されているが，単純な足し算では説明できない。家族の中には，誰と誰の仲が良い／悪い，誰が家族をリードするか，家族の輪を維持するのは誰か，といったようにいろいろな関係性や役割，動きがある。例えば，父親，母親，娘，息子の四人家族がいて，子どもが不登校になったとする。学校で何かあったのではないかと学校に原因を求めたり，あるいは子どもの甘え，家族仲の悪さ，親の育児の問題など，人はさまざまな原因を求めるかもしれない。一般的にみられるこうした原因探しの構図は，私たちの原因と結果の考え方に基づくものである。

　家族の中の誰かが何かの問題を起こしたとしても，それは単純に「誰が悪いか」と決められるものではない。家族を理解する際，家族を一つのシステム（まとまり）として捉える見方が役立つ。家族は一人ひとりが互いに影響を与え合う存在であり，家族の中で生じた問題は家族全体がその問題を生じ

させ，問題を維持するプロセスに関与
している考える。家族を大きな一つ
のまとまりとして捉え，家族全体を理
解しようとする考え方をシステム論と
いう。

　システムには階層性がある（**図
11.2**）。先ほどの四人家族（Ａ家）は
どのような地域，国，文化の中で暮ら
す家族なのかと考えた場合，その家族
の上位には地域社会という上位のシステム（スプラシステム）が存在する。
Ａ家が暮らす地域社会には，他にもＢ家，Ｃ家など複数の家族が暮らしてい
る。また，Ｂ家やＣ家もそれぞれに家族システムがある。一つの家族からみ
れば，家族が暮らす地域社会は上位の社会システムとなり，社会システムか
らみればその地域に住む複数の家族システムという下位のシステム（サブシ
ステム）が存在することになる。家族ひとりひとりが相互に影響を与え合っ
て家族のシステムを構成するように，社会システムを構成する各々の家族も
互いに影響を与え合う。システム論的に一人の患者を理解しようとしたとき，
患者だけでなくその患者がどのような家族の中で暮らしていて，さらにはそ

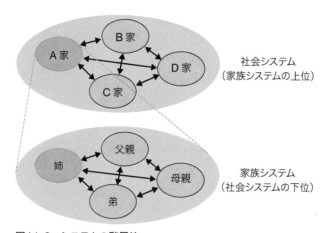

図11.2　システムの階層性

の家族はどのような地域社会の中で生きる人たちなのか，と視野を広げることで患者をより理解できるようになる。

B. 円環的因果律

　普段の生活の中で起こるさまざまな出来事に対して，私たちは「ある結果が起こるには何か原因があるはずだ」と考える。体調が優れないときは最近の生活習慣の乱れに原因を求めるかもしれないし，友人と口論になれば「あの人の〜が悪い」と相手に原因を求めることもあるだろう。このように，原因aから結果bに至るという一方向の因果関係を直線的因果律という（**図11.3上**）。直線的因果律で家族の中で起こる現象を説明しようとすると，家族の中の誰かが悪者にされやすくなる。例えば，子どもが家庭内で萎縮するのは，父親の厳しい態度が原因だ，あるいは両親の不仲が原因だ，という見方である。

　直線的因果律とは異なり，原因aと結果bは相互に影響し合う関係にあるといった，循環的な因果関係を説明する見方は円環的因果律という（**図11.3下**）。「子どもの態度が悪いのは親の小言のせいだ」という見方ができ

コラム　母原病

　母原病とは，母親が原因となって生じる子どもの心身異常を指す言葉である。かつては，統合失調症は母親の関わり方が問題で発症すると考えられていて，懸命に子どもに関わろうとしている親たちを苦しめてきた。母親の子育てが子どものさまざまな病気や問題行動を引き起こすという考え方は，科学的な根拠に乏しく，今では母原病という用語が積極的に用いられることは減った。しかし，現在でも子どもの問題の原因を親に求める考えは根強く残っている。当然，親が子に与える影響は皆無ではない。親も一人の人間であり，自分の生まれ育った環境に影響を受けて成人している。正解のない子育ての中で，親は時に誤った関わり方に走り，そのことで子どもの生活上のつまずきをもたらすこともあるかもしれない（実際，現代では「毒親」という用語が注目を集めていることもある）。しかし，子どもが抱える困難は，個人を形成する生物，心理，社会といった多様な側面から影響を受けて生じるものであり，単一の原因によるものではない。

直線的因果律
（結果 b には必ず原因 a が存在すると考える）

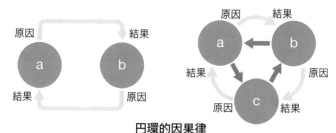

円環的因果律
（原因 a は結果 b をもたらすが，結果 b が結果 a の原因にもなりうるし，
結果 b は新たな結果 c の原因になりうる）

図11.3　原因と結果の考え方

る一方で，「親の小言が多いのは子どもの態度が悪いせいだ」という見方も
できる。子どもの態度の悪さと親の小言は，その親と子の相互作用の中で生
じている現象である。別の例として，Aさんが怒ったのはBさんの嫌味な一
言に反応したからだが，Bさんの嫌味はAさんの態度をみて思わず発した一
言かもしれない。このように，人間関係の中で起こる出来事はどれか一つを
原因にすることが難しい。ある事実は原因にも結果にもなりうると円環的に
捉えることが，人間関係を理解する上で役立つ。

　円環的に家族を捉えるならば，家族内で生じる問題には家族全員が関与し
ていることになる。家族一人ひとりはその問題の加害者であり，被害者でも
あるという見方もできる。このため，家族療法（9章参照）では家族内で何
かしらの問題行動や症状を示す人のことをIP（identified patient）とよび，
「家族によって患者とみなされた人」と捉える。

C. 家族を図示する

i）ジェノグラム

　三世代以上（子どもからみて父母，祖父母を含む）の家族成員を含めた家族図をジェノグラムという（**図11.4**）。ジェノグラムには家族間の関係性を表すこともできる。ジェノグラムは支援者が家族理解のために利用するだけでなく，家族と一緒にジェノグラムを作成することによって，家族内で生じている問題や症状が拡大家族という枠組みの中でどのように発生，維持，悪化しているのかについて，家族が自分の家族を振り返ることを促すツールにもなる。

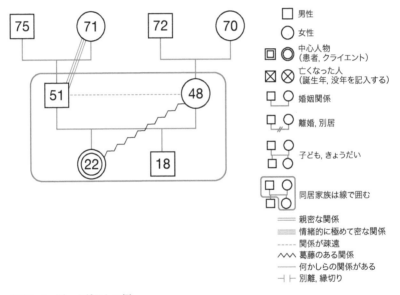

図11.4　ジェノグラムの例

ii）エコマップ

　家族と地域，社会とのつながりやその相互作用を明らかにする家族図をエコマップ（エコロジーマップの略）という（**図11.5**）。エコマップは家族とその周辺との関係性の全体図を簡潔に把握することに役立つ。家族がどのような社会資源とつながっているのか，そしてそれぞれの関係の強

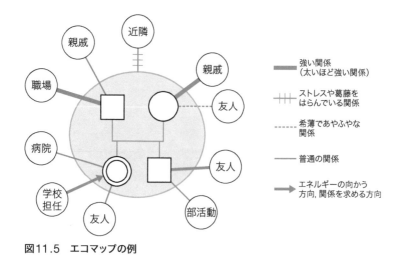

図11.5 エコマップの例

凡例:
- **強い関係**（太いほど強い関係）
- ストレスや葛藤をはらんでいる関係
- 希薄であやふやな関係
- 普通の関係
- エネルギーの向かう方向, 関係を求める方向

弱をみながら家族がもつ強みや弱みを見出し, どのような支援が必要であるかを明らかにすることができる。

11.2節 家族理解のための三つのポイント

A. ポイント1 家族の構造

　構造とは, いわゆる家族構成そのものである。家族Aには父親, 母親, 娘, 息子の四人がいるとすれば, それが家族Aの構造となる。ここに父親と母親それぞれの祖父母が加われば, 三世代の家族構造となる。家族システムはいくつかの小さなシステム（サブシステム）で構成されている。例えば, 両親, きょうだい, 祖父母はそれぞれサブシステムとしてまとまっている。サブシステムはそれぞれでまとまり, 他のサブシステムに影響する。家族のシステムには階層があり, 通常両親サブシステムはきょうだいサブシステムよりも上の階層にある。家族を維持し, 子どもたちを養育する機能や責任を両親サブシステムは有していることから, 両親は子どもたちよりもパワーをもっている。子どもが親に対して暴力を振るう家庭では, 親は子どもを適切にコントロールすることができず, 親と子どものパワーが逆転している。また,

祖父母サブシステムが両親サブシステムに頻繁に干渉すると，本来力をもつべき両親サブシステムの力は弱まり，それによって子どもサブシステムが何かしらの問題を抱えることもある。

　サブシステムにはさらに，家族の中で重要な決定事項に関わる決定サブシステム（家族の中で決定権はどこにあるか）と家族システムの維持を担う執行サブシステムがある。子どものしつけに関して両親の意見よりも祖父母の意見が通る場合，この家族の決定サブシステムは祖父母となる。

　図11.6をみてみよう。この家族はこれまで両親が執行サブシステムを果たしていたが，父親はアルコール依存者であり，母親が家族の維持を担っていた。母親を病気で亡くした後，アルコール依存の父親は執行サブシステムとして十分に機能することができないため，上の子どもが元の母親役割をとって執行サブシステムの役割を果たそうと動き始める。上の子どもは，子どもでありながら子どもであることを許されず，将来的に心理的な問題を抱えるリスクが高まる。このように，親が親役割を果たせない家族で親役割を果たそうとする子どもを親的な子どもという。親的な子どもを元の子どもの位置に戻すための援助が必要となる。

i）境界

　家族内にある各サブシステムを区切る，目には見えない線を境界という。境界の主な役割は，各システム間の区別を守ることである。家族成員がどのような相互作用をするかによって境界のあり方は以下のように決まる。

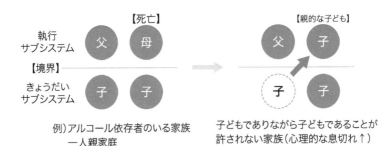

図11.6　**家族の構造の変化（親的な子どもが出現するケース）**

①**明瞭な境界**　家族という大きなシステム，そしてその中の各サブシステムはほどよく外の世界に開かれている。外からの必要な情報を家族の中に取り込んだり，時にはシステムを外の世界から閉ざしたりする柔軟な動きをみせる。明瞭な境界は健全な家族の区切り方とされている。

②**あいまいな境界**　家族内の役割や機能が不明確な状態であり，自分と相手の区別がついていないような感じ方や考え方をする家族に多い。家族はお互いに巻き込み合うため，混乱しやすくなる。親が情緒不安定だと子どもが親を支える立場をとり，親もその子どもの役割に依存する。あいまいな境界をもつ家族は関係が密着するため，一見仲の良い家族にみえるが，子どもは親の気分や機嫌に振り回されることも多く，家族内に自主性や自律性があるとはいえない（偽相互性）。あいまいな境界をもつ家族は，お互いの関係に過度に依存する共依存に陥るリスクが高い。

③**固い境界**　家族成員間や家族内のサブシステム間に強固な壁が存在する。家族成員間での情報の共有はなく，相互の支え合いもない，またはお互いに関与しない（あるいは関与させない）ため，家族に居場所感や所属感をもちにくくなる。そのため，家族成員は家族外に自分の居場所（子どもの場合なら非行グループに所属するなど）を見出そうとする。

　あいまいな境界から固い境界への移行もありうる。あいまいな境界の家族にみられる密着した母子関係はやがて子が成長し，母親から離れるようになると，これまで深いつながりのあった母親を子は疎ましく感じるようになる。次第に子は親に巻き込まれないよう，母親との交流を遮断する（情緒的遮断）。親から離れた子どもは，かつての密着した母子関係と同様の関係を他者と作りやすくなり，関係の悪循環が生じてしまうこともある。

ii）連合

　家族システムの中で，三者関係のうちの二人が一人と対抗する構図を連合という。夫婦仲が険悪な場合，片方の親が子どもと組み，もう片方の親に対抗するのはよくみられる連合の例である（**図11.7左**）。母親は父親の愚痴を息子に聞かせ，息子は母親を守ろうと母親の味方になって父親と

敵対する。このような親世代と子世代の連合を世代間連合といい，強固な関係を作り上げる。両親サブシステムが作り上げる両親連合は健康な家族の基本となるが，両親連合が執行サブシステムの機能を十分に果たさず，子どものきょうだいサブシステムとの間に明瞭な境界をもてない場合，親子は共依存に陥りやすくなる。

　また，家族の中で子どもが何かしらの問題行動や症状を示すことによって，みせかけの両親連合（迂回連合）が形成されることもある（**図11.7右**）。夫婦関係が険悪もしくは疎遠であっても，子どもが問題行動や症状を示す間は表面的に夫婦関係が維持される（例：子どもの問題について夫婦で話す機会が増える）。夫婦の関係の問題が表面化しないようにするため，時に子どもが問題行動や症状を抱え続けることもある。

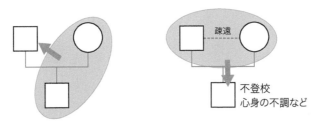

図11.7　家族内にみられる連合

B. ポイント2　家族の機能

　家族内にはさまざまなコミュニケーションが飛び交い，仲の良い／悪い，好き／嫌いなど家族成員それぞれには関係性がある。また，家族一人ひとりには家族内の役割があったり，家族内にはその家族特有のルールもある。家族一人ひとりがお互いに影響し合い，日々のコミュニケーションのパターンや家族内のルールの中で振る舞われる家族独特の役割パターンのことを家族の機能という。

i）コミュニケーションの悪循環

　家族内に何か問題が起これば，家族はまず自分たちで問題を解決しよう

と試みる（解決努力）。ところが，家族が問題を解決しようとすると皮肉にもかえって問題を維持させたり，悪化させたりする悪循環がみられる（偽解決）。解決努力があるにもかかわらず，状況がまったく改善されず，むしろ悪化している場合には偽解決の可能性を疑う。うまくいかない対処法は放棄したり，まったく異なる対応を試すことで悪循環から抜け出す必要がある。コミュニケーションの悪循環は自分たちで気づくことは難しいが，円環的に家族の動きを捉えることが家族の悪循環の理解に役立つ。

ii）矛盾するコミュニケーション

　矛盾したメッセージが同時に発信されるコミュニケーションパターンをダブルバインド（二重拘束）という。このコミュニケーションはメッセージの受け手を混乱させ，その関係性に縛られやすくする特徴をもっている（**図11.8**）。ダブルバインドは，

　①二人以上の人間が存在し，

　②ダブルバインド的な出来事が繰り返され，

　③三つの命令が飛び交う

ことで成立する。三つの命令とは，「〜しなさい」という第一の命令，「〜するな」という第一の命令に反する第二の命令，そして「この場（関係）から逃げるな」という第三の命令である。これらの繰り返しによってダブ

図11.8　ダブルバインド

ルバインドの被害者は，最終的に現実をダブルバインド的に読み取ろうと
するようになる。例えば，親から「おいで」と言われる（第一の命令「来
い」）。しかし，親の表情や態度は拒否的な態度を示している（第二の命令
「来るな」）。この時点で言語レベルと非言語レベルでのコミュニケーショ
ンの矛盾が生じており，親の拒否的な態度に気づいて親に呼ばれても行か
ない子は「おいでって言っているのに，可愛くない」と責められ，親に駆
け寄れば嫌々抱っこされて子どもが嫌な思いをする。ダブルバインドのコ
ミュニケーションはどちらを選択しても，メッセージの受け手側が不快な
思いをするようにできている。そしてそこには「この場から逃げるな」と
いう第三の命令が存在しているため，抜け出すことは困難である。ダブル
バインドは親子だけでなく上司と部下などの関係でもみられる。

C. ポイント3　家族の発達

個人が発達するのと同様に，家族も発達する存在である。家族の誕生から
次世代への継承へと至るまで家族には発達段階があり（**表11.1**），段階ご
とに取り組むべき課題があると考えられている（家族ライフサイクルとい
う）。まずは，独身の若者を主人公として，その若者が新しい家族を作り，
家族が次の世代へと継承されていく一連の流れとして読んでみてほしい。な
お，家族ライフサイクルの考え方はいわゆる近代家族のあり方を基本とした
ものであり，家族の形が多様化する現在にそぐわない部分もある。

i）独身期

独身期は家族を作る準備の時期であり，独身期をどのように過ごすかに
よって，その後の家族生活の土台が作られる。原家族への依存から独立へ
と向かう移行期に位置し，原家族からの経済的・心理的な自立を果たせる
かどうかが課題となる。原家族からの影響から離れて自立し，自分と原家
族とほどよい距離感をもって振る舞う（自己分化）ようになることがこの
時期には求められる。しかし，原家族との情緒的な結びつきが強い場合，
親の感情に子が巻き込まれてしまい，冷静な判断が困難となる。自己分化
度を高めるためには，原家族とつながりをもちながらも「私は私，家族は

表11.1　家族ライフサイクルと主な課題（McGoldrick, Carter, Garcia-Preto, 2011を参考に一部改変）

- 独身期（家からの巣立ち：若い成人の時期）
  課題：親密な仲間関係の発展，経済的・心理的な自立，原家族からの自己分化
- 結婚期（家族の成立期）
  課題：パートナーシステムの形成，新しい環境に適応できるか，拡大家族やコミュニティとの関係の再編成
- 子育て期1（出産～乳幼児期）
  課題：出産・育児に伴うストレスへの対処，親密さの揺らぎに対処できるか，協働関係を構築できるか，他のシステムとの関係の再編成
- 子育て期2（児童期）
  課題：養育システムの再編成，家族成員の個性化（加えて子育て期1の課題の継続）
- 思春期・青年期の子がいる時期
  課題：三世代に渡って生じる変化に柔軟に家族は対応できるか，子どもの独立と祖父母の老いを許容できるか
- 中年期
  課題：老年期に向けた夫婦関係の見直し，祖父母へのケア・死の対処，他のシステムとの関係の再編成
- 老年期
  課題：配偶者，同胞，他の仲間の喪失への対処，中年世代が中心的な役割を果たせるように支援できるか，死への準備をする

家族」のように自分に責任をもち，自分らしくいられるアイ・ポジションをとるようになることが鍵となる。

　他者と親密な関係を作れるかどうかはこの段階の大きな課題の一つであるが，人には他者と親密になることを妨げる恐怖（親密さへの恐怖）があることが知られている（表11.2）。親密さへの恐怖は原家族での体験を受けて形成され，男らしさや女らしさに関する認識（ジェンダー意識）の影響も受ける。これらの恐怖は，本人に意識され正当化される場合もあれば，気づいていない場合もある。依存への恐怖が強ければ，自分が相手に依存できないだけでなく，相手からの依存も受け止められなくなるために関係の距離は縮まらない。感情に対する恐怖があると，感情の交流よりも論理的で合理的なやりとりが中心となりやすい。怒りに対する恐怖は正当な怒りを表現することが妨げられ，その結果パートナーへの自己主張が難

表11.2　親密さへの恐怖

- **依存への恐怖**
  依存を弱さとみなし，相手の重荷になるのではないかと心配する
- **感情に対する恐怖**
  喜怒哀楽全般を相手と分かち合えない，自他の感情を理解できない
- **怒りに対する恐怖**
  相手を傷つけること，自分が傷つけられることを恐れる
- **コントロールに関する恐怖**
  親密になるとコントロールを失う，もしくは相手に奪われるのではないかと恐れる
- **自分をさらけ出す恐怖**
  本当の自分を知られると，自分の評価が下がってしまうことを恐れる
- **見捨てられ，拒絶への恐怖**
  いつか相手に捨てられる，拒絶されるのではないかと恐れる
  相手にしがみつく，あるいは距離を置こうとするといった極端な行動をする

しくなり，親密な関係に発展しにくくなる。コントロールに関する恐怖では，パートナーに自分が飲み込まれてしまうのではないかという深いレベルの恐怖も存在する。自分をさらけ出す恐怖は，もともと自己評価の低い人が陥りやすく，自己開示が難しいために他者との信頼関係に影響する。見捨てられ・拒絶への恐怖があると，二者間で起こった良いことは過小評価され，見捨てられ・拒絶に合致する情報ばかりが取り込まれやすくなる。親密さへの恐怖自体はとてもありふれた恐怖であり，その後の他者との関係の中で修正されることも十分ありえる。

ii）結婚期

　結婚期は，夫婦が成立し，他人同士による新たな社会的な関係を構築する時期である。異なる価値観を有する二人が生活を共にするには，お互いの考え方をすり合わせる必要も出てくる。夫婦の背後には，異なる二つの原家族が存在しており，夫もしくは妻の原家族から新しい夫婦への干渉がひどくなれば，夫婦関係には危機が訪れる。結婚期では，家庭内の役割分担，夫婦それぞれの原家族との付き合い方をどうするか，そして出産や子どもについてどう考えるかが課題となる。新しい家族の中に新しいルールを作っていくプロセスの中で，夫婦が衝突する機会も多くなる。親密な二

者関係において，「非難，侮辱，自己弁護，逃避」の4要素は関係に深い傷をもたらし，こうしたコミュニケーションは結婚期の課題遂行を妨げる。

親密な二者関係で葛藤や緊張状態が生じたとき，二者間にみられる悪循環のパターンをカップル・ダンスという。衝突のダンスでは，双方が「相手が悪い」と考えるために互いに非難の応酬となり，争いは平行線を辿る。距離のダンスでは，本音が表出されず関わり合いを避けるため，コミュニケーション頻度が少なくなる。追跡者／回避者のダンスでは，追跡者は回避者に対して怒りを表出しやすくなるが，追跡者の言動の背景にあるのは回避者が自分と向き合ってくれないことに対する深い傷つき，悲しみである。回避者も元来の傷つきやすさをもっており，相手から傷つけられることから必死で逃げる。回避者が逃げなくても安心できるように，追跡者の深い悲しみが回避者に伝わるようにお互いの関わり方を変える必要がある。過剰責任／過小責任のダンスは，世話役と患者役，あるいは過保護な親とその子どもの関係の例で表現される。過剰責任者は自分がもっている他者への依存欲求を否認し，過小責任者へと投影することで相手が自分を強く求めていると思い込みやすい。過小責任者は何らかの症状や困難を抱えている人であることが多い。過小責任者の機能レベルを上げるだけでなく，過剰責任者の心の問題を扱う必要がある。そして三角関係化のダンスでは，二者間では葛藤や緊張を解消させることが難しいために，第三者を巻き込むことで解消を図ろうとする。子ども，原家族，友人，仕事，医療従事者，カウンセラー，さらには浮気相手などが巻き込まれやすい。

iii）子育て期1（出産〜乳幼児期）

夫婦間に子どもが誕生し，その子どもが学齢期を迎えるまでの時期である。第一子誕生時は最も家族の負担が増えると考えられている。子の誕生に伴い，経済的なストレス（養育費，家計の維持負担），身体的なストレス（仕事，家事，育児の両立），心理的なストレス（親としてのプレッシャー，育児不安），そして人間関係のストレス（祖父母世代やその他親族からの干渉）が家庭内にもち込まれる。子の誕生は祖父母の誕生を意味しており，孫の誕生を契機に新しい家族への祖父母による干渉が始まること

コラム ドメスティック・バイオレンス（DV）

　配偶者や恋人など，親密な関係にある（または関係にあった）者から振るわれる暴力を<u>ドメスティック・バイオレンス（domestic violence: DV）</u>という（特に交際相手に対する暴力をデートDVという）。DVには身体的暴力（殴る，蹴る），心理的暴力（心無い言動や相手の心を傷つける言動），性的暴力（性的行為の強要，中絶の強要，避妊に協力しない），経済的暴力（生活費を渡さない，金銭の制限），社会的暴力（行動の監視，制限），そして子を巻き込んだ暴力（子どもに暴力を見せる，暴力を振るうと脅す，自分の言いたいことを子どもに言わせる）などが含まれる。DV被害者のおよそ8割は女性だが，近年では男性被害者も増えつつある（**図**）。

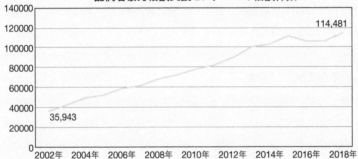

配偶者暴力相談支援センターへの相談件数

114,481

35,943

2002年　2004年　2006年　2008年　2010年　2012年　2014年　2016年　2018年

（参考：2019年9月発表の内閣府男女共同参画局資料）

　DVは長期にわたって暴力のサイクルを繰り返す（**図**）。被害者は加害者の機嫌を損ねないように薄氷を踏む思いで慎重に振る舞い，暴力が起こらないようにする（緊張期）。しかし，緊張期はそう長くは続かず，緊張が解放され暴力となって現れる（暴力）。暴力の後には，加害者から「悪かった，もう二度としない」という謝罪，そして被害者が加害者に優しく扱われる時期（ハネムーン期）がやってくる。長期にわたる暴力サイクルを体験した被害者は，自己像（自分に関する認識）が歪んだり，感情や感覚が麻痺して鈍くなったり，記憶力や注意力

図　DVサイクル

もある。家族に降りかかるさまざまなストレスにより，夫婦の親密さの揺らぎが生じることもあるため，その回復に努める必要がある。また，この時期は虐待のリスクが高まる時期でもある。

妊娠や出産後の夫婦関係の満足度は，夫と妻で異なる変化をみせる。ある調査結果によれば，夫側の夫婦関係の満足度には大きな変化がみられないものの，妻側では年々満足度が低下するという。夫の仕事中心の生活，家事・育児への不参加，妻への労い不足などがその理由として挙げられている。

iv）子育て期2（児童期）

子どもは小学校という新しい環境への適応を求められ，家族以外の社会との接触が増えていく。子どもに手がかからなくなる時期であり，出産・育児で仕事から離れていた親は仕事への復帰を検討する時期でもある。これまで，子育ての安定期としてみられていたこの時期は，現代において必ずしもそうとはいえない。教育に対する意識の高まりによって，早い段階から子どもの習い事や塾通い，受験を検討する家庭が増えている。その結果，子どものしつけや教育をめぐって両親が対立しがちになる。家庭内に生じる緊張状態を回避しようとすると，家族内には三角関係が生じやすくなり，夫婦間の争いに子どもが巻き込まれる。この時期は，親は自分のやりたいことに目が向き，子どもは学校中心の生活にシフトし，友人関係が活発になることで友人との遊びを大事にするようになる。今までとは異なる新たな家族のあり方へと家族が変化していけるよう，家族内の役割や養育の見直しが必要となる。

コラム 虐待

　虐待は「行きすぎた使用（Abuse）」という意味と，「放置や行き届かない状態（Neglect）」を意味する言葉に分けられる。前者は体罰や言葉の暴力を指し，後者は養育の責任放棄や放置を指す。児童虐待，そして高齢者虐待のいずれも増加傾向にあり（図），大きな社会問題となっている。

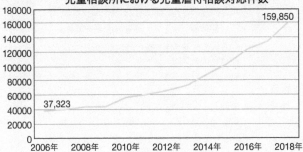

児童相談所における児童虐待相談対応件数

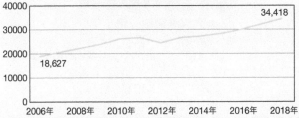

高齢者虐待の相談・通報件数
（養介護施設従事者によるものを含む）

　虐待には，身体的虐待，心理的虐待，性的虐待，ネグレクト，経済的虐待があり，児童虐待では心理的虐待，高齢者虐待では身体的虐待が最も多い。虐待が発生する要因として，加害者の要因，被害者の要因，社会的・環境的要因が挙げられる（表）。
　中には特殊な虐待も存在する。健康な子どもに意図的に危害を加え，病気やケガの状態にさせることで献身的にその子どもを看病する保護者（主に親）がいる。これは，かいがいしい保護者を演じることで周囲からよい保護者として賞賛を浴びたり，同情を受けたりすることで保護者自らの心の安定を図ろうとするもので

表 虐待に至るおそれのあるリスク要因	
1. 養育者側 の要因	・妊娠そのものを受容することが困難（望まない妊娠，10代の 　妊娠） ・子どもへの愛着形成が十分に行われていない（妊娠中のトラ 　ブル，早産，未熟児，長期入院など） ・マタニティブルーズや産後うつなど精神的に不安定な状況 ・元来の性格が攻撃的，衝動的 ・医療につながっていない精神障害，知的障害，慢性疾患，ア 　ルコール依存，薬物依存など ・被虐待体験（親自身が過去に虐待を受けたことがある） ・育児に対する不安，ストレス ・養育者の未熟さ
2. 子ども側 の要因	・乳児期の子ども ・未熟児 ・障害児 ・何らかの育てにくさをもつ子ども
3. 養育環境 の要因	・未婚を含む単身家庭 ・内縁者や同居人がいる家庭 ・子連れの再婚家庭 ・夫婦関係をはじめ，人間関係に問題を抱える家族 ・転居を繰り返す家庭 ・親族や地域社会から孤立した家庭 ・経済的な不安のある家庭（生計者の失業，転職のくり返しな 　ど） ・不安定な状況にある家庭（夫婦不和，DVなど） ・定期的な健康診査をしない家庭

（参考：厚生労働省ホームページ「子ども虐待対応の手引」）

あり，代理ミュンヒハウゼン症候群とよばれる。代理ミュンヒハウゼン症候群は実際に子どもに危害を加えるものもあれば，存在しない症状を保護者が訴え続けたり，検査所見を捏造（体温計の操作，子の尿に保護者の血を混入させる）するものもある。日本でもいくつかの事例が報告されている。

ⅴ）思春期・青年期の子がいる時期

　この時期の家族は移行期の家族ともいわれる。子どもは思春期・青年期という多感な時期を迎え，親世代は中年期危機，そして祖父母世代は心身の変調をきたしやすい老年期を迎える。思春期・青年期の子どもは心身ともに成長し，家族との心理的な距離が増大する。親子間の力関係の差も縮小するため，家庭内暴力のリスクが高まる時期でもある。原家族からの自立を控えた子どもに対して，家族が柔軟に対応できるかどうかがこの時期を乗り越える鍵となる。子どもは少しずつ家から離れる時間が増えるが，子どもがいなくとも家族はまとまっていて，子どもが戻って来ればいつでも受け入れる，家族としてのまとまりをいつでも取り戻すことができるといった柔軟さが家族に求められる時期である。親による子どもへのコントロールが強すぎる場合，子どもが外の世界に出られなくなる。閉じ込められた子どもは大暴れをした後，情緒的遮断によって親子の関係を強引に切ろうとするかもしれない。同時に，老年期を迎えた祖父母世代のサポートのあり方（老親の介護や同居，病気など）に家族がどう向き合っていくかについての検討が必要な時期でもある。

ⅵ）中年期

　人生の中間地点であり，これまで生きてきた過去の時間とこれからの未来の時間の比率が逆転する時期である（8章参照）。この時期には子どもは巣立ち，新しい家族を作っているかもしれない。独身期の若者は今や中年期を迎え，その子どもは独身期（または結婚期か子育て期1）にいることになる。中年期を迎えた夫婦は今後に向けた夫婦関係の見直しを求められる。家族を作り，営んできた夫婦関係の時間の経過と信頼関係は決してイコールではない。これまで棚上げしてきた夫婦の問題が多いほど，この時期になって問題が生じやすくなるし，また熟年離婚のリスクが高まるのもこの時期である。

　またこの時期は，祖父母世代のケアのあり方（介護，看病など），そして死への対処（看取り）について検討を求められる時期でもある。これまで一定の距離を保ってきた祖父母—親世代が，ケアを要する状況になり距

離が近づくと，関係上の葛藤が発生したり，過去の葛藤が再燃したりすることもある。

vii）老年期

　老年期は心身の老いとともに，病気にかかるリスクが高まる時期である。現在，日本の高齢化率は29.1％（2021年9月時点，日本の全人口に65歳以上高齢者が占める割合）であり，超高齢社会時代に突入している。世間の高齢者への目は厳しく，高齢者に対する差別意識（「高齢者は役に立たない」「害だ」「無用だ」といった高齢者への認識，思い込みをエイジズムという）は解消されないのが現状である。自分の家族に迷惑をかけないようにしたいと願う高齢者も少なくない。老年期では，配偶者や同胞，他の仲間に先立たれることもあり，自分の心身の健康も徐々に損なわれていくことから，喪失体験の連続を体験する時期であるともいえる。着実に近づく死を前に，老いゆく自分たちの最後をどう迎えるかを考える時期でもある。

　家族ライフサイクルは，近代家族に有りがちだった男女による結婚，生殖，世代の継承の循環が前提になっている。現代の人や家族のあり方，生き方は多様化しており，結婚や出産も個人の選択次第となっている。そのような現代において，紹介した家族ライフサイクルはいささか時代遅れに聞こえるかもしれない。すべての家族をこのサイクルに当てはめて考える必要はない。多様な家族に応じた多様な家族ライフサイクルがあってしかるべきだろう。

D. 家族の維持と変化

　家族の発達段階の移行期には，家族に最もストレスがかかる。家族の発達課題は家族に変化を求める。家族は維持と変化の両方の動きを絶えず行い，バランスを図りながら次の発達段階へと移行していく。家族がこれまでと変わらず不変的であろうとする動きを形態維持（モルフォスタシス），家族が次の発達段階に向けて変化しようとする動きを形態発生（モルフォジェネシス）という（**図11.9**）。家族システムはシステム内で生じる逸脱を防止するため，変化に対しては敏感であり，逸脱が生じると元の状態に戻そうとす

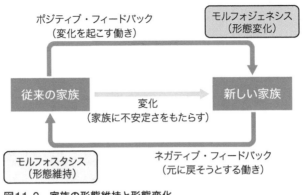

図11.9 家族の形態維持と形態変化

る。例えば，子どもが中高生くらいの年齢になると，子どもの帰宅時間は徐々に遅くなる。子どもの成長や発達に応じて家族のあり方を変えられない家族は，子どもが門限の変更を提案（形態変化）しても，両親は子どもをさらに縛りつけようとする（形態維持）かもしれない。家族は段階移行時に変化を妨げられると，家族内に何かしらの問題を生じさせやすくなる。

E. 公平性・忠誠心

　健康な家族システム内では，公平なやりとりがなされることで家族が維持されている。家族内で公平性を感じられるかどうかは，家族成員同士で信頼関係が築けるかどうかにかかっている。また，家族内にはみえない絆が存在しており，これを忠誠心という。祖父母－両親－子のように世代を超えた縦の関係に向けられる垂直の忠誠心，きょうだいのように横の関係に向けられる水平の忠誠心がある。両親が不仲でそれぞれの親の言い分が異なる場合，例えば子どもは母親の言い分を飲めば父親を裏切ることになる。この場合，本来両親に向けられていた忠誠心は分裂する（分裂した忠誠心という）。子どもには父親を裏切ってしまったという罪悪感が残り，表面的には母親へ忠誠心を向け，父親にはみえない忠誠心を向けるという複雑な様相を呈する。

　本章で紹介した内容は家族関係に限らず，学校や職場での人間関係にも広

くみられるものである。本章の内容は自分の家族を振り返るきっかけにもなるし，現在の自分を取り巻く他者と関わりについての理解を深めるための材料ともなるだろう。医療従事者となるためには，患者だけでなく患者の家族の理解を深めることも重要である。患者やその家族と関わる医療従事者としては，客観的に患者やその家族をみる目を養い，患者や家族に今何が起こっているのかについて冷静に分析できるスキルを身につけてほしい。

引用文献
・新村出（編），広辞苑 第7版，岩波書店，2018.
・McGoldrick, M., Cater, B. & Garcia-Preto, N., The expanded family life cycle. Individual, family, and social perspectives（4th ed.）Allyn and Bacon, 2011.

参考文献
・日本家族心理学会（編），家族心理学ハンドブック，金子書房，2019.
・中釜洋子・野末武義・布柴靖枝・武藤清子（著），家族心理学　第2版－家族システムの発達と臨床的援助，有斐閣ブックス，2019.
・柏木惠子（編），よくわかる家族心理学，ミネルヴァ書房，2010.
・団士郎（著），対人援助職のための家族理解入門－家族の構造理論を活かす，中央法規出版，2013.
・H. G. レーナー（著），中釜洋子（訳），親密さのダンス－身近な人間関係を変える（わたしらしさの発見），誠信書房，1994.
・平木典子・中釜洋子・藤田博康・野末武義（著），家族の心理（第2版）－家族への理解を深めるために（ライブラリ実践のための心理学），サイエンス社，2019.
・平木典子・柏木惠子（著），日本の親子：不安，怒りからあらたな関係の創造へ，金子書房，2015.
・平木典子・柏木惠子（著），家族を生きる：違いを乗り越えるコミュニケーション，東京大学出版会，2012.
・柏木惠子・平木典子（編著），日本の夫婦：パートナーやっていく幸せと葛藤，金子書房，2014.

索引

編著者紹介

樫村　正美
常磐大学人間科学部心理学科　准教授

野村　俊明 (故人)
日本医科大学名誉教授

NDC 140　　237 p　　21cm

医療系のための心理学

2020 年 10 月 20 日　第 1 刷発行
2024 年 4 月 4 日　第 6 刷発行

編著者　樫村正美・野村俊明
発行者　森田浩章
発行所　株式会社　講談社

KODANSHA

〒112-8001　東京都文京区音羽 2-12-21
　　販　売　(03) 5395-4415
　　業　務　(03) 5395-3615
編　集　株式会社　講談社サイエンティフィク
代表　堀越俊一
〒162-0825　東京都新宿区神楽坂 2-14　ノービィビル
　　編　集　(03) 3235-3701
本文データ制作　株式会社双文社印刷
印刷・製本　株式会社ＫＰＳプロダクツ